COLLECTION FRÉDÉRIC HALINBOURG

Anciennes Porcelaines

ET FAIENCES

DE

CHANTILLY

ET DIVERSES

PARIS — MAI 1913

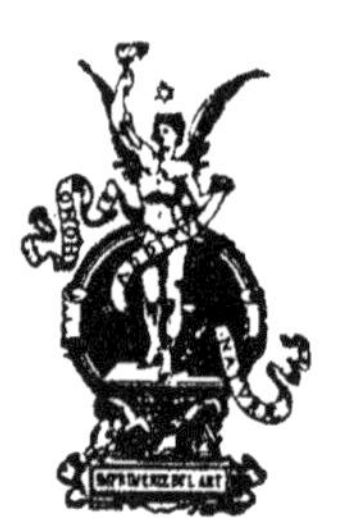

COLLECTION FRÉDÉRIC HALINBOURG

ANCIENNES PORCELAINES TENDRES

DE

CHANTILLY

Collection Frédéric HALINBOURG

CATALOGUE

DES

Anciennes Porcelaines tendres

DE

CHANTILLY

Tasses, Assiettes, Jardinières, Rafraîchissoir, Bonbonnières, Soupières
Pots, Aiguières, Théières, Saucières, Sucriers, etc.

GROUPES ET STATUETTES

FAIENCES & PORCELAINE DURE DE CHANTILLY

ANCIENNES PORCELAINES DIVERSES

Poêle monumental en ancienne Faïence de Lorraine

VITRINES

DONT LA VENTE AUX ENCHÈRES PUBLIQUES AURA LIEU A PARIS

HOTEL DROUOT, SALLE N° 6

LES JEUDI 22 ET VENDREDI 23 MAI 1913

à deux heures après-midi

COMMISSAIRE-PRISEUR

Me F. LAIR-DUBREUIL

6, rue Favart

EXPERTS

MM. PAULME ET B. LASQUIN Fils

10, rue Chauchat | 11, rue de la Grange-Batelière

PARIS

EXPOSITION PUBLIQUE

Le Mercredi 21 Mai 1913, de 1 heure 1/2 à 6 heures

CONDITIONS DE LA VENTE

Elle sera faite au comptant.

Les acquéreurs paieront *dix pour cent* en sus des prix d'adjudication.

ORDRE DES VACATIONS

Le Jeudi 22 Mai 1913. Tous les numéros **pairs.**

Le Vendredi 23 Mai 1913. Tous les numéros **impairs.**

Les Vitrines, numéros 175, 176, 177, seront vendues à la fin de la deuxième vacation.

Paris. — Imp. de l'Art, Ch. Berger, 41, rue de la Victoire.

Il y a vingt-cinq ans environ, le Duc d'Aumale donnait le domaine de Chantilly à la France. Peu après, il confiait à quelques-uns de ses collègues de l'Institut le soin de rédiger un Catalogue des collections réunies dans le château, et qui devaient constituer le Musée Condé.

Il voulut bien m'adjoindre à ceux de ses confrères qu'il avait désignés et me charger des notices concernant la sculpture, les objets d'art et les souvenirs militaires.

Il m'incombait donc la tâche d'étudier, entre de nombreuses autres séries, celle des porcelaines de Chantilly. Le Duc d'Aumale s'intéressait tout particulièrement à cette céramique. Il aimait à rappeler que la fabrique où elle avait été tournée, modelée, cuite et décorée avait été fondée par l'un de ses prédécesseurs, il discutait volontiers ses qualités, en appréciait les mérites, rappelait que c'était pour le service du château ou pour l'ornement de ses dressoirs qu'avaient été exécutées ses plus belles pièces, et contait maintes anecdotes amusantes sur les directeurs et leurs ouvriers. C'est ainsi qu'en l'écoutant j'ai appris la plus grande partie de ce que je sais sur la Manufacture de porcelaines de Chantilly.

Depuis, M. Macon, le savant et aimable conservateur du Musée Condé, M. le Comte de Chavagnac et le Marquis de Grollier ont publié des études encore plus complètes qui permettent de suivre au jour le jour les péripéties de cette industrie, depuis sa création jusqu'à sa disparition.

Au moment où le Duc d'Aumale faisait don du domaine de Chantilly et de ses collections à son pays, un de ses voisins, érudit de haute valeur, autant qu'homme de goût délicat, M. Frédéric Halinbourg, ancien vice-président du Conseil général de l'Oise, commençait à se procurer des porcelaines de Chantilly.

Grâce à ses connaissances et à son discernement, M. Frédéric Halinbourg a réuni une collection unique et des plus belles, composée non seulement de pièces choisies et rares, mais ayant en plus le grand intérêt de présenter, dans son ensemble, tous les spécimens de la fabrication de Chantilly et de permettre de l'étudier sous toutes ses faces.

* * *

Dans la deuxième moitié du XVIIe siècle, les jésuites, après s'être introduits en Chine et y avoir établi des Missions, envoyèrent en Europe un certain nombre de productions artistiques et industrielles de ces contrées lointaines, entre autres des laques, des vernis et des porcelaines qui eurent le plus grand succès. Les porcelaines surtout furent recherchées en France, car leur apparition avait lieu dans des circonstances particulièrement favorables pour en développer l'usage. En effet, par suite des édits de Louis XIV, la vaisselle d'argent, dans laquelle les grands seigneurs et le roi mangeaient d'ordinaire, avait été jetée à la fonte lors de la guerre de la ligue d'Augsbourg, et, pour la remplacer, la faïence de Rouen avait déjà fourni de nombreux services de table ; mais à côté de ces produits quelque peu épais, la délicatesse de la céramique chinoise devait bientôt l'emporter, et, de toutes parts, on demanda aux jésuites des services en porcelaine de Chine.

On ne chercha pas seulement les produits céramiques de l'Extrême-Orient pour un usage journalier. Des collectionneurs et des curieux en achetèrent pour en remplir des étagères et en faire l'ornement de leurs galeries. Ainsi Auguste le Fort, roi de Pologne et électeur de Saxe, se procura auprès d'armateurs hollandais venant de Chine une collection superbe et nombreuse, aujourd'hui conservée dans le Musée de Johanneum, à Dresde.

Comprenant l'intérêt qu'excitait dans toute la vieille Europe la porcelaine d'Extrême-Orient, aussi élégante que pratique, ce souverain ne se contenta pas d'en faire collection, mais il créa, en 1710, la fameuse fabrique de Meissen, qui, imitant d'abord uniquement les porcelaines chinoises, devint bientôt si populaire sous le nom de Manufacture de *Porcelaines de Saxe.*

En France, le duc de Bourbon, retiré de la politique après sa disgrâce, lui aussi, recueille, à Chantilly, une collection importante de céramique d'Extrême-Orient. Il recherche surtout les porcelaines à teintes mates et à sujets divers de Vieux Japon, que l'on appelait alors au XVIIIe siècle *Coréennes.*

Voyant, vers 1725, quel essor avait pris la Manufacture de Porcelaine de Saxe, il veut lutter avec l'Allemagne et créer en France une usine pour y fabriquer des produits similaires. Telle est l'idée qui préside à la fondation de la fabrique de porcelaines de Chantilly.

Il achète, en 1730, un terrain et une maison connue sous le nom de Petit Chantilly, dans le quartier dit « des fontaines » (1) et y installe sous sa haute protection un noble des environs, Sicaire Cirou, seigneur de Rieux.

Vraisemblablement, Cirou connaissait les secrets de la fabrication de la porcelaine artificielle et savait trouver dans le pays des pâtes propres à la composer. Ces pâtes étaient de celles qu'on est convenu d'appeler *Tendres*,

(1) Voir Archives de Condé. Quittance du 15 novembre 1730.

d'ailleurs les seules connues encore en France : elles avaient été inventées au XVIe siècle chez les Médicis, à Florence (1); on s'en était également servi à la fin du XVIIe siècle pour quelques essais faits à Rouen dans les ateliers du fameux Poterat (2), mais surtout dans la fabrique beaucoup plus populaire de Saint-Cloud. Dans l'une et dans l'autre de ces usines, les pièces avaient été imitées, tant pour la forme que pour la décoration, des faïences de Rouen ou de Nevers, ou bien de pièces d'orfèvrerie, et le décor en était presque toujours monochrome, bleu sur fond blanc.

Sicaire Cirou s'attacha d'abord deux sieurs Dubois, anciens ouvriers de la Manufacture de Saint-Cloud, qui connaissaient la composition de la pâte de porcelaine (Gilles Dubois était peintre et âgé de 22 ans; l'autre Robert, était tourneur et âgé de 25 ans). En outre, Sicaire Cirou faisait venir de Delft, en Hollande, où l'on fabriquait des faïences en imitation de la Chine, un peintre du nom d'Antoine Grémy, et engageait deux mouleurs des environs de Beauvais, Jacques Poisson et Antoine Fauchey.

Cirou commença immédiatement à produire et conserva la direction de l'usine jusqu'en 1751. Durant ce temps, qui fut la période d'apogée de la fabrication de Chantilly, au moins au point de vue du goût, il s'adonna à l'exécution de la porcelaine dite *Coréenne*, faisant principalement

(1) Voir deux pièces de cette porcelaine rarissime dans la collection Edouard André.

(2) On a discuté longuement sur la priorité de l'invention de la porcelaine. Nous renvoyons à ce sujet aux articles de la *Revue de Normandie*, de M. Pottier (février 1847), et de M. Millet, chef de la fabrication de la Manufacture de Sèvres (octobre 1867, p. 714). MM. Riocreux, Brongnart, Jacquemart et Le Blanc ont traité la même question dans leurs différents ouvrages sur la composition et l'histoire de la porcelaine.

des pièces de contours réguliers toujours bien étudiés, soit des vases de forme hexagonale ou octogonale, soit des cache-pot ronds réguliers; quelquefois aussi, il prenait ses modèles sur la nature en exécutant, par exemple, des théières en forme de fruits côtelés ou bien encore il demandait des inspirations aux fleurs et faisait des soucoupes ou des bols imitant les tulipes ou les nénuphars. Nous pouvons citer comme étant de cette catégorie la ravissante théière en forme de pêche n° 73, celle à côtes n° 87, celle cataloguée n° 114 et surtout le merveilleux drageoir n° 128.

La pâte des premiers produits de Chantilly était certainement inférieure aux pâtes tendres produites depuis à la Manufacture royale de Sèvres, car la terre des environs de Chantilly conservait après la cuisson une couleur légèrement citronnée ; mais Cirou parvint à la cacher par l'emploi d'une couverte à base d'étain opaque comme celle de la faïence. Là fut le grand mérite de sa fabrication. Partout alors, on usait, pour la porcelaine, de couverte à émail transparent et à base plombifère. Sicaire Cirou, au contraire, au moyen de l'émail stannifère et opaque, réussit tout à la fois à faire disparaître la teinte de la porcelaine et à donner un fond agréable pour la décoration polychrome qu'on y peignait (1). Il sut également donner à l'émail qu'il employait un éclat et une opalisation toute particulière et si belle qu'on peut croire certaines porcelaines de Chantilly être une sorte de sardonyx orientale de la couleur du lait.

(1) « Le vernis de la porcelaine de Chantilly, du temps de Sicaire Cirou (1735-1753) était stannifère et non cristallin comme celui des autres manufactures, notamment Vincennes : L'opacité que ce fabricant donnait à son vernis était une nécessité du ton teinté de citron de son biscuit. » Manuscrit de Riocreux conservé à la Manufacture de Sèvres.

Les porcelaines de Chantilly exécutées à l'imitation des pièces dites *coréennes* reproduisent des figures japonaises dont quelques-unes sont charmantes, mais surtout la haie de bambou avec des rinceaux de pampre au milieu desquels se jouent des singes, des perdrix et des écureuils. On rencontre aussi des frises et des postes de papillons bleu et vert voltigeant sur la couverte opaque, ou encore des semis de fleurs copiées sur des dessins japonais. Les couleurs qu'on y employait sont le rouge, le bleu tendre, le vert clair, le jaune et le noir.

Durant l'administration de Cirou, la Manufacture eut une vogue énorme et le roi Louis XV lui commandait pour sa toilette un grand nombre de pièces. Ainsi, le 16 décembre 1741, il entrait au garde-meuble « un grand pot à eau garni d'argent et sa jatte de porcelaine de Chantilly, un grand gobelet à lait à deux anses et sa soucoupe et quatre pots à pâte couverts, de même porcelaine » (1). D'autres objets de la Manufacture des Condé décoraient aussi les salons du grand Trianon ; c'étaient principalement des écuelles et des pots-pourris, sorte de brûle-parfums alors très en usage, et que l'on fit plus tard à Sèvres en grande quantité (2).

M. Halinbourg possède un grand nombre de pièces coréennes et probablement si on pouvait avoir la description exacte des pots à eau, des écuelles et des pots pourris qui ornèrent les consoles de Versailles, de Trianon et de Chantilly, on les retrouverait dans sa collection. A coup sûr, le grand pot à eau qui entrait au château de Chan-

(1) Pièces livrées au Roi par le sieur Julliot. Archives nationales O[1] 3313. Journal du Garde-Meuble, 10e vol. f° 72.

(2) Voir Archives de Seine-et-Oise. Vente publique du mobilier du château de Versailles et de ses dépendances : n° 4907. Cinq pots-pourris et deux écuelles de porcelaine de Chantilly (du grand Trianon), 12 L. 7 gs.

tilly, en 1741, ne pouvait pas être plus beau que le n° 107 de cette vente, ni plus délicat que le n° 113. Regardez aussi l'écuelle à bouillon n° 112 et les brûle-parfums 128, 138 et 139, et cette superbe soupière à deux anses au décor dit à la perdrix (n° 152), et vous aurez une idée des céramiques de Chantilly apportés à Trianon.

Quant aux deux frères Dubois, que nous avons déjà vus quitter Saint-Cloud pour venir à Chantilly, ils s'enfuirent à leur tour de cette dernière manufacture et vinrent s'installer à Vincennes dans une ruine appelée la Tour du Diable, entraînant avec eux un troisième ouvrier, employé en même temps qu'eux à Chantilly.

Là, ils parviennent à construire un four et à faire quelques céramiques, en mettant à profit ce qu'ils ont pu connaître des secrets de Sicaire Cirou ; ils vendent leurs produits à Paris, directement ou par l'entremise de marchands, à des particuliers, principalement au Marquis du Châtelet, qui parle d'eux à Orry de Fulvy, frère du directeur des Bâtiments du roi (le Directeur des Beaux-Arts d'alors). Ce dernier se préoccupait, comme tout le monde, de la fabrication de la porcelaine et de suite il prend intérêt aux tentatives des frères Dubois : il leur rend visite et voyant combien leur installation est précaire, il leur fait obtenir la concession des bâtiments de l'Intendance de Vincennes. De plus, grâce à sa protection, les deux transfuges reçoivent une subvention royale de 10,000 livres.

Mais les frères Dubois étaient plus ivrognes qu'artistes et fréquentaient plus le cabaret qu'ils ne s'occupaient de leurs affaires ; aussi le résultat qu'ils obtenaient était-il mesquin. Sur 500 pièces entrées au four, il n'en sortait souvent que 150 vendables ; quelquefois même, ils n'obtenaient que 10 pour cent de la mise au feu. L'argent procuré par Orry fut, on le pense, bientôt dépensé, et les Dubois se trouvèrent même à ce point endettés qu'on les mit en faillite.

Durant leurs essais, ils avaient fait venir auprès d'eux un nommé Gravant, autrefois faïencier à Vauréal, près Pontoise (1) et depuis, épicier à Chantilly : Gravant était fort intelligent, et avait su, dans ses rapports avec la Manufacture des Princes de Condé, apprendre quelques-uns des procédés en usage, et en travaillant avec les Dubois, il avait facilement été au courant de tous leurs secrets.

Après la déconfiture de ceux-ci, Orry de Fulvy fut fort ennuyé du peu de succès de la tentative qu'il avait recommandée au Roi. Aussi se trouva-t-il tout heureux de recevoir la visite de Gravant, qui venait lui annoncer que la disparition des Dubois n'avait pas entraîné la perte de leur secret, car lui, Gravant, connaissait la composition de la pâte tendre; il pouvait donc continuer l'expérience, et se charger, si l'on reconstituait l'affaire, de déposer chez le notaire rédacteur de l'acte, le détail de procédés de la fabrication, moyennant certaines conditions. Orry de Fulvy accepta et constitua, le 5 octobre 1753, une société dont un sieur Charles Adam était le directeur et à laquelle le Roi s'intéressait pour une somme importante.

Les premiers résultats de Gravant ayant été satisfaisants, la Manufacture fut déclarée propriété royale et transportée à Sèvres où tout le monde sait ce qu'elle est devenue et a produit; on voit que ses commencements modestes avaient pris naissance à la fabrique de Chantilly (2).

(1) Voir les papiers de Riocreux conservés à la Manufacture de Sèvres.

(2) Voir le manuscrit de Millet, chef des fours à Sèvres (Bibliothèque de la Manufacture de Sèvres) reproduit en partie dans l'*Histoire des Manufactures Nationales*, par Havard et Vachon, et *Mémoire historique sur la Manufacture Nationale de Porcelaine en France*, par Bachelier. Paris, 1781 et Archives Nationales o[1] 1896.

A propos de ce que nous venons de raconter sur l'origine des Manufactures royales de Vincennes et de Sèvres, nous attirerons l'attention sur les deux ravissantes potiches de la collection Félix Halinbourg, cataloguées sous le n° 68. Ces vases d'un contour charmant, d'une composition rationnelle et délicate existent tant en porcelaine de Chantilly qu'en pâte de Vincennes. On peut donc induire de ce fait qu'ils ont du être composés à Chantilly par les frères Dubois, qu'ils en ont emporté le moule à Vincennes où ils en ont fait de nouvelles épreuves signées et datées, dont l'une d'elles est conservée dans la collection du Marquis d'Eyragues.

La forme si élégante et si simple de ces vases montre aussi que quoique ivrognes les frères Dubois étaient des artistes habiles.

Sicaire Cirou mourut peu après avoir été abandonné par les frères Dubois, vers 1751. Autant qu'on peut le savoir, les sieurs Buquet de Montvallier et de Roussière lui auraient succédé, puis Buquet de Montvallier aurait ensuite dirigé seul la Manufacture. Il existe aussi un sieur Briet qui paraît avoir joué un rôle important durant la période qui s'étend de 1751 à 1760, mais cette année un sieur Pierre Peyrard prit en main l'usine et pendant 16 ans présida à ses destinées.

A partir du départ de Cirou, la Manufacture de Chantilly changea le genre de ses productions en même temps qu'elle modifia la nature de sa pâte qui devint entièrement blanche comme celle de Sèvres. Cette modification de la matière première amena la direction à employer l'émail plombifère transparent et à renonçer presque complètement à l'émail stannifère. Elle cessa aussi d'imiter le *Coréen*, mais se mit à faire quelques copies fort rares de céramique chinoise de Kien-lung, et surtout à produire des pièces dans le genre de celles de Sèvres et de Saxe avec de nouveaux tons, tels que le bleu-paon, le vert foncé et le bleu-lapis. Nous ne savons à quelle date cette deuxième période cessa pour céder la place à une céramique destinée à l'usage, décorée presqu'uniquement de bleu et dont les pièces que l'on rencontre le plus souvent portent en revers les indications du service auquel elles appartiennent, telles que « ménagerie de Chantilly », « service de Villers-Cotterets » ou bien encore « écurie de Chantilly ».

C'est également vers 1760 que l'on exécuta à Chantilly des manches de cannes et d'ombrelles en forme de corne ou de bec de corbin, des manches de couteaux et même de petites boites en bonbonnières. Les manches d'ombrelles et de couteaux ressemblent beaucoup, comme fabrication, à la porcelaine de Meneysson de Tournai, ils n'imitent que d'une façon très éloignée les porcelaines de la Chine et sont d'une composition spéciale, laiteuse, presque aussi transparente que du verre opalisé. Les bonbonnières affectent généralement la forme d'un personnage, principalement d'un magot chinois accroupi. Le couvercle est à la base et maintenu par une monture en argent à filet très simple.

Nous pouvons voir dans la collection de M. Frédéric Halinbourg les spécimens de tous les services de Chantilly et de Villers-Cotterets décorés en bleu (n°s 1 à 68). Je crois que l'on ne peut pas trouver de plus jolies figurines polychromes, qui ait autant d'importance et de grâce, que celle de « la Fileuse avec son chien », cataloguée sous le n° 142. A côté, nous signalerons aussi les statuettes d'homme et de femme (n° 131 à 143) ; comme bonbonnière, celle du Mouton couché (n° 144) ; comme béquille, celle à la tête d'homme barbu (n° 145), et comme manches de couteaux, ceux qui sont conservés dans un étui de maroquin aux armes des Princes de Condé (n° 120).

Parmi les assiettes dans le genre de celles de Sèvres, de Saxe et de Tournay, nous indiquerons les n°s 52, 56, 62, 78 et 100.

Enfin, qu'il nous soit permis d'insister sur six statuettes de porcelaine tendre, émaillées de blanc de toute rareté, cataloguées sous les n°s 154, 155, 156, représentant le Rémouleur et la Vénus accroupie, une jeune paysanne et un jeune homme, un garçon et une fillette.

Quelque recherche que nous ayons faite, il nous a été impossible de retrouver à quelle époque, par tel artiste et pour quelle destination avaient été exécutées ces figures.

En mars 1776, Peyrard céda à son tour la direction de l'usine à Pierre-Louis-Francis Gravant, qui était alors compositeur de pastels pour la Manufacture royale de Sèvres (1).

Le contrat de vente passé par Me Brô, notaire à Paris, nous montre l'importance de la fabrique et l'essor qu'avait prise la vente de ses produits : le nouveau concessionnaire achetait « les secrets, les fours, terres, sables, moules, ainsi que toutes les marchandises existant à Chantilly, pour une somme de 150.000 L. »

Gravant ne dut pas rester longtemps en possession de ses nouvelles fonctions, car, poursuivi par des créanciers, il laissa la direction de l'usine à sa femme, à qui le Prince de Condé la concéda par nouveau bail à la date du 15 avril 1781.

Nous ne savons pas combien de temps la femme de Gravant resta à la tête de la Manufacture. D'après

(1) Voir l'acte de vente du 27 mars 1776, en l'étude de Me Fontana, à Paris.

M. Jacquemart, Antheaume de Surval, régisseur des princes de Condé et maire de Chantilly, en aurait été le directeur au moment de la Révolution, MM. de Chavagnac et de Grollier nous donnent le fait comme positif (1).

A cette dernière période, à en croire plusieurs visiteurs, on faisait à Chantilly (2), de la porcelaine dans tous les genres, on y exécutait même des vases et des urnes fort riches, et des groupes de figures en biscuit dont la beauté le cède à peine aux ouvrages de la Manufacture de Sèvres ». Malheureusement nous n'avons jamais vu aucune de ces grandes pièces céramiques, ni non plus aucune figure de biscuit de la fabrication des Condé, nous ne connaissons que les statuettes émaillées du genre de celles que nous avons déjà citées et qui sont excessivement rares. (Nos 154, 155, 156.)

Les princes de Condé avaient fait établir à Paris un magasin de vente pour l'écoulement des produits de Chantilly et les sieurs Poirée et Bazin étaient préposés à la direction de ce comptoir (3).

Avec la fuite des princes de Condé et les événements

(1) Il existe pourtant aux Archives de Chantilly un état de porcelaines fournies à S. A. S. le Prince de Condé par M. Antheaume de Surval, dans la période qui s'étend du 3 août 1781 au 31 décembre 1787. Mais à en juger par la nomenclature des pièces, il s'agirait plutôt de fournitures faites aux communs qu'au château. C'est ainsi que nous trouvons mentionnés dans cet état : 14 pots à jus ; 16 soucoupes ; 4 douzaines d'assiettes, 24 seaux à verre, 19 compotiers, des fromagers, des salières, des couvercles, des tasses, des saucières, des moutardiers, des cuvettes, des pots de chambre, des saladiers, etc., etc... Toutes ces pièces sont aux armes de la maison de Condé... Mais la modicité des prix de chacun de ces objets, comme le nom des personnes qui ont délivré le reçu et acquitté le montant, prouvent que ces porcelaines étaient d'ordre secondaire, et destinées, comme nous le disions, à des journaliers et vulgaires.

(2) Voyage pittoresque et historique de la France. In-f°. 1787. T. VIII. p. 47.

(3) Bail du 27 mars 1776. Etude de Me Fontana.

de la Révolution, la Manufacture disparut totalement. Sous le Directoire, un riche Anglais nommé Potter voulut la remonter, mais quelque dépense qu'il y fit, ses efforts restèrent sans succès.

En 1803, le maire de Chantilly, M. Pigory, rétablit pour son compte, sur l'emplacement de l'ancienne usine, une nouvelle manufacture de céramique, qui se continua encore sous d'autres entrepreneurs jusqu'à ces derniers temps. Mais ces manufactures, purement privées, n'ont aucun rapport avec la manufacture de Chantilly protégée par les princes de Condé.

∴

La marque de Chantilly fut toujours un cor de chasse, rouge de fer dans les premières pièces, bleu dans les dernières. Quant aux lettres qui accompagnent la marque, elles sont peut-être des signatures d'artistes, mais elles peuvent aussi indiquer la série à laquelle appartenait la pièce qui la porte. Nous ne saurions rien décider à leur sujet.

Nous avons pu retrouver, pour la première et la plus brillante époque de la manufacture, les noms de quelques-uns des artistes qui y travaillaient. Nous les donnons dans l'ordre des dates auxquelles nous avons trouvé la mention de leur nom : 1734. Gilles Dubois, peintre ; Robert Dubois, tourneur ; Antoine Grémy, peintre ; Jacques Poisson, mouleur ; Antoine Fauchet, mouleur.

1734. Marguerite Douillet.

1736. Louis Goujon, sculpteur.

1737. Balidon, également sculpteur, et cette même année, Bonnet, Roy, Bray, Huet, Mesnil, Beaufranc, Grenier, Pinçon, Launay, Ménétrier, Picard, David.

1745. Jean Robin, peintre; Michel Gabin, tourneur; les filles Dudos, peintres; Jacques Laboureur, ouvrier.

1752. De Roussière, l'un des maîtres de la Manufacture; Fourier, sculpteur qui alla fonder une manufacture en Danemark.

1753. Fouquet, compositeur, Goffard, Fourneu, Dubuisson, peintre de fleurs.

1756. Jacques Goussoc et Etienne Gobin, peintres; Jean Ocrus, peintre; Jean Fouquet, compositeur; Jacques Briet, directeur; Marguerite Viridal, artiste; Claude Nicolas Quenel, inspecteur; Charles Buteaux, peintre; Jacques Laporté, tourneur; Laurent Mazé, enfourneur; Claude-Noël, mouleur; Adrien Gérard, mouleur; Louis Fournier, sculpteur; Pierre Dulubry, mouleur; et la famille Petit, peintre (1).

Deux de ces artistes nous sont plus particulièrement connus : Charles Butteux et Estienne Gobin. Ils ont tous deux travaillé à Sèvres après avoir quitté Chantilly. Voici les notes qu'on a recueillies sur eux à la Manufacture royale :

Charles Butteux est né à Grandvilliers, en Picardie, en 1721. D'une haute taille (5 pieds 3 pouces), il avait les yeux gris, les cheveux et les sourcils bruns, le nez aquilin, les tempes dégarnies de cheveux et les épaules larges. Il se mêle de faire des vers... il est marié... il est entré à la Manufacture royale le 4 octobre 1756. Auparavant, il travaillait à celle de Chantilly. Il s'est adonné à peindre la figure, qu'il entend très peu; mais c'est un garçon sage et remply du désir de se perfectionner. Ses premiers appointements ont été de 36 livres par mois. Augmenté de 6 livres

(1) Pour les artistes des des années postérieures, il faut se reporter aux savantes études que le chanoine Muller, aumônier de l'Hospice Condé, a publié dans le *Courrier de l'Oise*.

le 1er janvier 1757, et de la même somme le 1er janvier 1758, sujet sage et laborieux, il commence à peindre la figure colorée. Sorti en juin 1786. Marque : *Une ancre de Marine.* Ajoutons que Charles Butteux eut plusieurs enfants qui travaillèrent à Sèvres : Mlle Manon Butteux (depuis Mme Bussel) sa fille, est citée pour des peintures de bouquets détachés. Ses deux fils dont nous n'avons pu retrouver les noms sont aussi cités : l'aîné comme peintre de sujets pastoraux, le plus jeune pour des peintures de bouquets détachés (1). Au moment de la Révolution, l'un des Butteux travaillait encore à Sèvres, ainsi que le prouve la pièce suivante mise en vente récemment (2) : « Une tasse hémisphérique et sa soucoupe en ancienne porcelaine de Sèvres, pâte tendre, au fond de la soucoupe la cocarde tricolore et le faisceau de licteur de la couronne de chêne ; le reste du décor se compose de fleurs et guirlandes sur fond bleu-clair et jaune. Peintures par Butteux fils ».

Estienne Gobin, dit Dubuisson, né à Lunéville, en 1731. Taille de 5 pieds 4 pouces ; les cheveux bruns qu'il porte courts, les yeux bruns et petits, le nez épaté, la bouche grande, les lèvres un peu relevées, le teint basané, la jambe forte. Il est entré à la Manufacture le 26 août 1756. Avant que d'y être reçu, il avait travaillé aux fabriques de Lunéville, Strasbourg et Chantilly. Il peint les fleurs et annonce des progrès. Ses appointements ont d'abord été de 36 livres par mois. Augmenté de 3 livres le 1er juillet 1757, 1er janvier 1758 augmenté de 6 livres. Garçon sage et assidu.

(1) Recherches sur la Céramique par M. A. Maze, publiées dans les Mémoires de la Société française de Numismatique et d'Archéologie, section de céramique. Deuxième série. 1870.

(2) Catalogue des objets d'art dont la vente a eu lieu le lundi 19 décembre 1892. (Chevallier, commissaire-priseur, Mannheim, expert) N° 1.

*
* *

A en croire MM. de Chavagnac et de Grollier, les mouleurs signaient, quoique très rarement, certaines pièces en creux sous l'émail. Quoique ces signatures soient excessivement rares, nous trouvons trois fois le nom de Cabin répété sous les nos 50, 63, 110, celui de Dutch sous le n° 8 de la collection Halinbourg.

Nous aurions beaucoup voulu pouvoir indiquer les peintres qui ont exécuté ces charmants dessins imités du japonais, ou ces bouquets, ces vases, ces œillets et autres fleurs que nous trouvons si délicatement traitées, mais, jusqu'à présent, il a été impossible de mettre aucun nom sur une pièce de Chantilly (1).

Là s'arrêtent les renseignements qu'il nous a été donné de recueillir sur cette fabrique dont les spécimens de la collection Halinbourg nous ont permis de faire voir l'importance artistique et historique.

Germain BAPST.

(1) En dehors de la Manufacture, on fit plusieurs essais de céramique à Chantilly. Ainsi, dans la vente de la Vicomtesse de Renneville, était un vase peint, ainsi décrit : « Petit vase sur piédouche en ancienne faïence de Chantilly, à décor polychrome, au chiffre de Louis XV. Dans une réserve encadrée de rocailles et de fleurs, est représentée une allégorie de la Justice sous les traits d'une femme drapée à l'antique et tenant une balance, auprès d'elle un amour supportant l'écu de France. Sous le piédouche on lit : « Fait à Chantilly par moi L Ba...ce 4 9bre 1756. Petit, pinx. » Il nous a été impossible d'attribuer une signification à cette inscription, ni de savoir quel était ce peintre Petit.

Ce vase a été donné au musée Condé par M. Gérard ainsi que beaucoup d'autres très belles pièces.

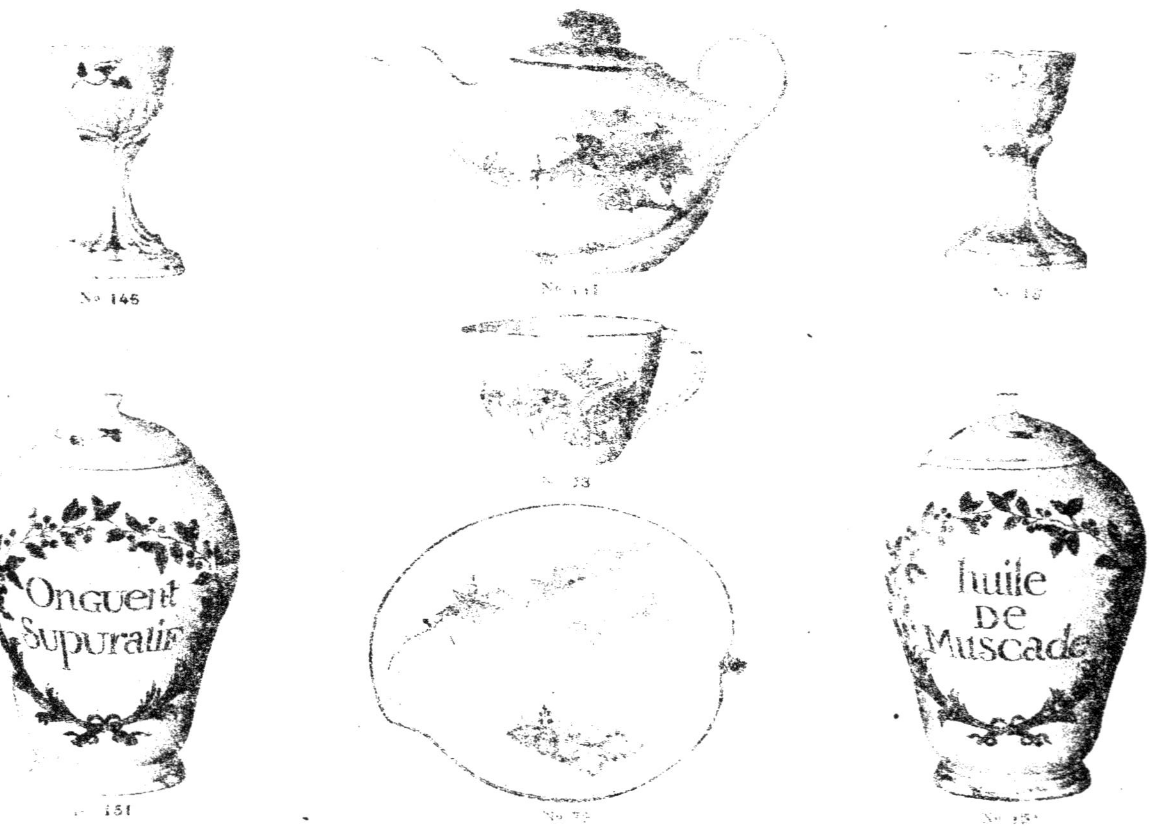

HÉLIO LÉON MAROTTE

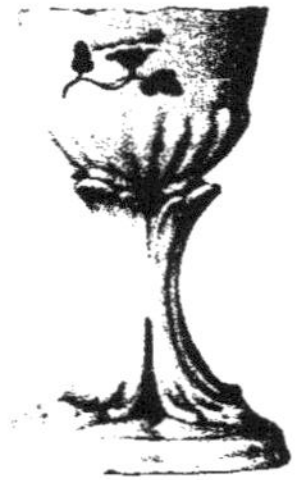

No 146

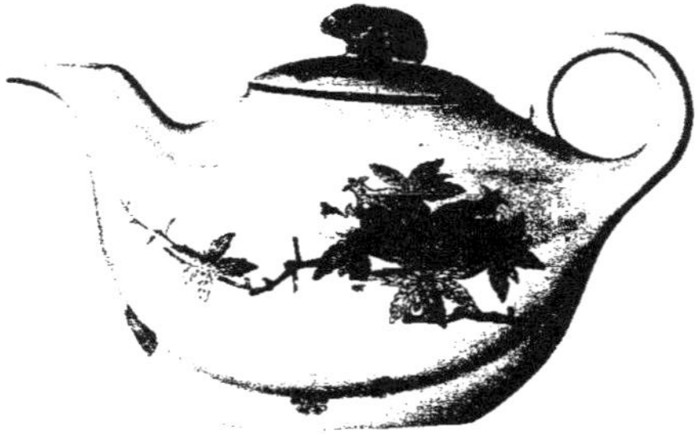

No 141

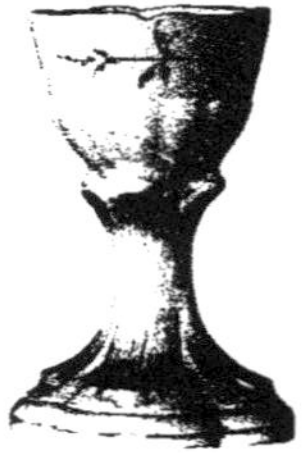

No 18

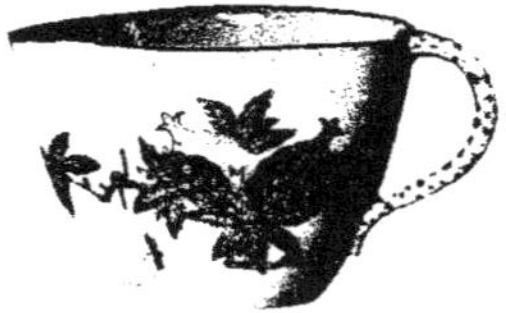

No 73

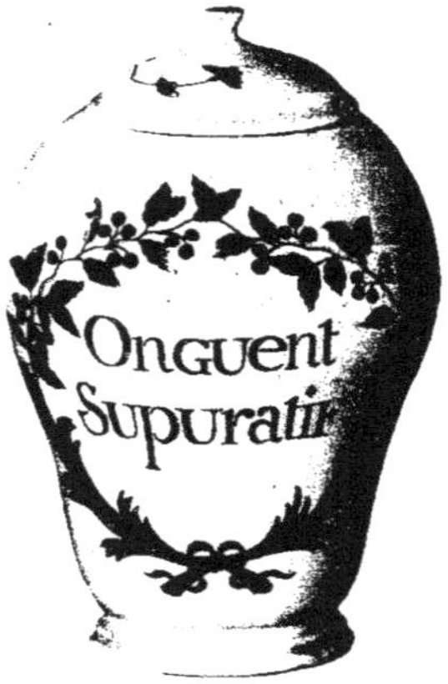

No 151

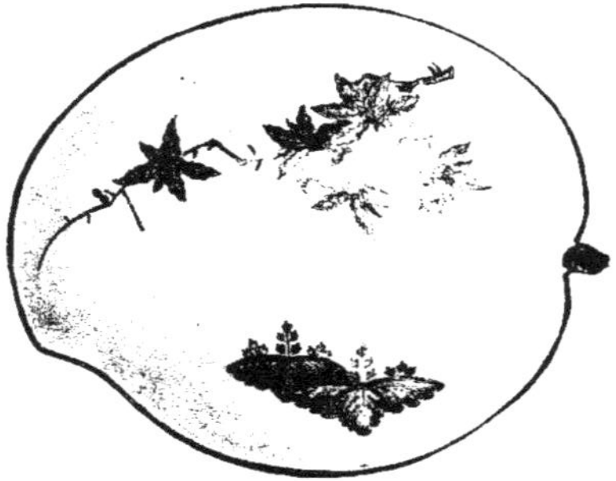

No 73

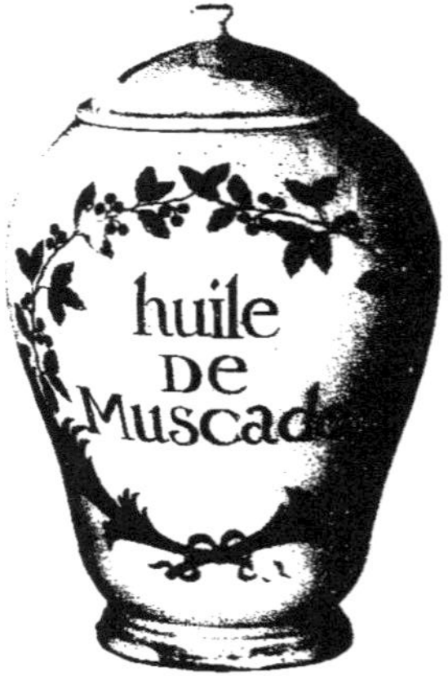

No 151

HÉLIO LÉON MAROTTE

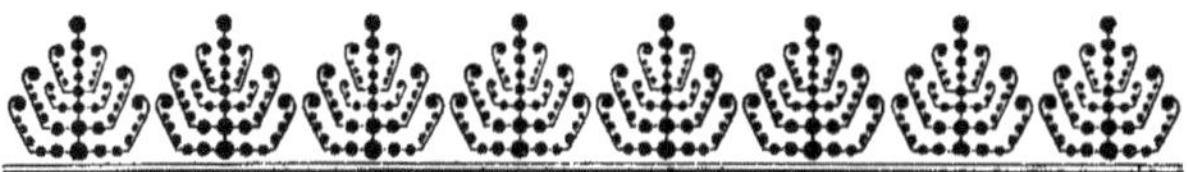

DÉSIGNATION

ANCIENNES PORCELAINES

TENDRES

DE CHANTILLY

DÉCOR CAMAIEU BLEU ET CAMAIEU ROSE

1 — Petite coupe. Décor en camaïeu bleu, dit *à l'épi ou à la brindille.* Filet au bord. Marque au cor de chasse en bleu.

Diam., 95 millim.

2 — Tasse, de forme ovoïde. Décor bleu, de style japonais. Il offre deux motifs à rocher et fleurettes. Marque au cor de chasse en bleu.

Haut., 70 cent.

3 — Petit bol hémisphérique. Décor en camaïeu bleu, dit *à l'épi ou à la brindille.* Filet au bord. Marque au cor de chasse et *P* en bleu.

Diam., 120 millim.

4 — Petit bol. Décor camaïeu bleu, de style japonais, médaillon dans le fond. Marque au cor de chasse et lettre *M* en bleu.

Haut., 60 millim.

5 — Quatre tasses à thé, de forme hémisphérique, sans anse, et leur soucoupe. Décor en camaïeu bleu, de style chinois, à saules et rochers. Marque au cor de chasse en bleu.

Haut., 55 millim.

6 — Quatre tasses à café, à une anse, et quatre soucoupes, dimensions variées. Décor en bleu, dit *à l'épi ou à la brindille.* Marquées au cor de chasse en bleu.

Haut. moyenne, 60 millim.

7 — Assiette, à bord festonné, marli gaufré simulant la vannerie. Décor en camaïeu bleu. Le fond présente une couronne en brindilles et fleurettes. Filet au bord. Marque au cor de chasse et lettre *L* en bleu.

Diam., 235 millim.

8 — Quatorze tasses obconiques, à une anse, et treize soucoupes. Décor en camaïeu bleu, dit *à l'épi ou à la brindille.* De deux dimensions. Marque au cor de chasse en bleu. Plusieurs sont marquées en creux; sur l'une d'elles, *Duchet* en creux.

Haut. moyenne, 60 millim.

9 — Pot a crème, muni de son couvercle et d'une anse. Décor bleu, dit *à l'œillet.* Il présente quatre de ces fleurs et des petits feuillages. Marque au cor de chasse et *B* en bleu.

Haut., 75 millim.

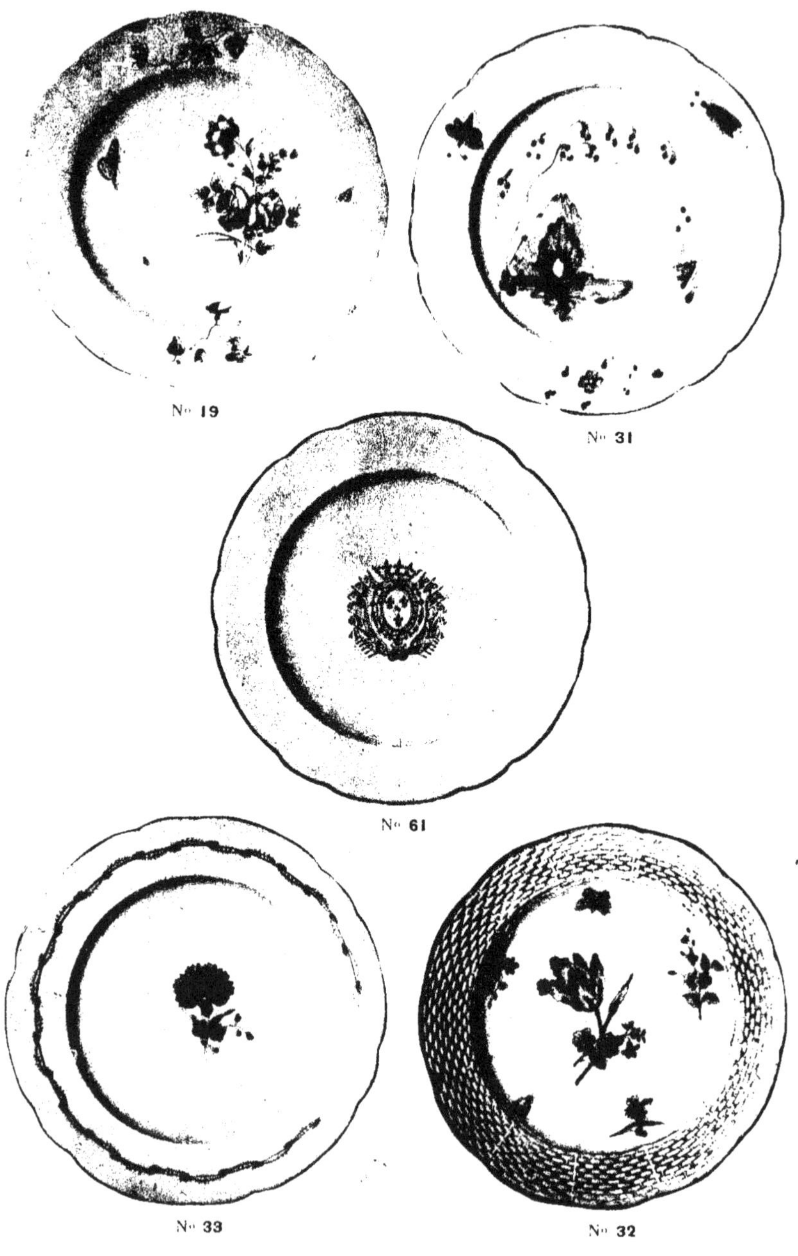

N° 19

N° 31

N° 61

N° 33

N° 32

10 — Pot a crème, avec son couvercle et muni d'une anse, à godrons obliques. Décor, dit *à l'épi ou à la brindille.* Marque au cor de chasse et lettre *F* en bleu et *D* en creux.

Haut., 72 millim.

11 — Salière ovale quadrilobée, décor en camaïeu bleu, dit *à l'épi ou à la brindille.* Filet au bord. Marque au cor de chasse et lettre *B* en bleu.

Long., 85 millim.

12 — Tasse, à anse et sa soucoupe. Décor en camaïeu bleu, dit *à la rose.* Sur chaque pièce, une gerbe de roses, épis et fleurettes. Filet bleu. Marque au cor de chasse et lettre *B* en bleu.

Haut., 72 millim.

13 — Deux salières à double récipient, de forme mouvementée. Décor en camaïeu bleu, dit *à l'épi ou à la brindille.* L'une porte la marque au cor de chasse en bleu.

Long., 130 millim.

14 — Douze pots a crème, munis d'une anse et de leur couvercle. Décor en bleu, dit *à l'épi ou à la brindille.* Marque au cor de chasse, et lettre *P* en bleu.

Haut., 80 millim.

15 — Quatre coquetiers sur petits pieds à gorge. Décor bleu, dit *à l'épi ou à la brindille.* Marque au cor de chasse en bleu.

Haut., 40 millim.

16 — Cuiller à sucre en poudre, manche à rocaille. Décor bleu.

Long., 210 millim.

17 — Œillère sur petit piédouche. Décor en bleu, dit *à l'épi ou à la brindille*. Marque au cor de chasse en bleu.

Haut., 35 millim.; long., 45 millim.

(*Collection de M. le comte X. de Chavagnac. N° 107.*)

18 — Coquetier, à bord festonné, sur pied élevé. Décor dit *à l'épi ou à la brindille*, en bleu. Marque au cor de chasse et lettre *D* en bleu.

Haut., 80 millim.

19 — Assiette, à bord festonné. Décor en camaïeu bleu, dit *à la rose*. Une gerbe de roses, de myosotis, de brindilles et de fleurettes variées orne le fond. Le marli présente une tige de fleurettes et des fleurs de volubilis. Deux papillons et une mouche complètent la décoration. Filet bleu au bord. Marque au cor de chasse et lettre *F* en bleu.

Diam., 235 millim.

20 — Assiette, à bord festonné, petites nervures au marli. Décor en camaïeu bleu, dit *à la rose*. Le fond présente une gerbe de roses et un papillon ; le marli, un volubilis, une fleurette, un chrysanthème et une mouche. Marque au cor de chasse et *D* en bleu.

Diam., 225 millim.

21 — Compotier creux, à bord festonné. Décor en camaïeu bleu, dit *à la rose*. Dans le fond, gerbe de roses, brindilles, myosotis et papillon voletant. Sur le marli, tiges de volubilis et de fleurettes, et insectes. Marque au cor de chasse et lettre *L* en bleu.

Diam., 240 millim.

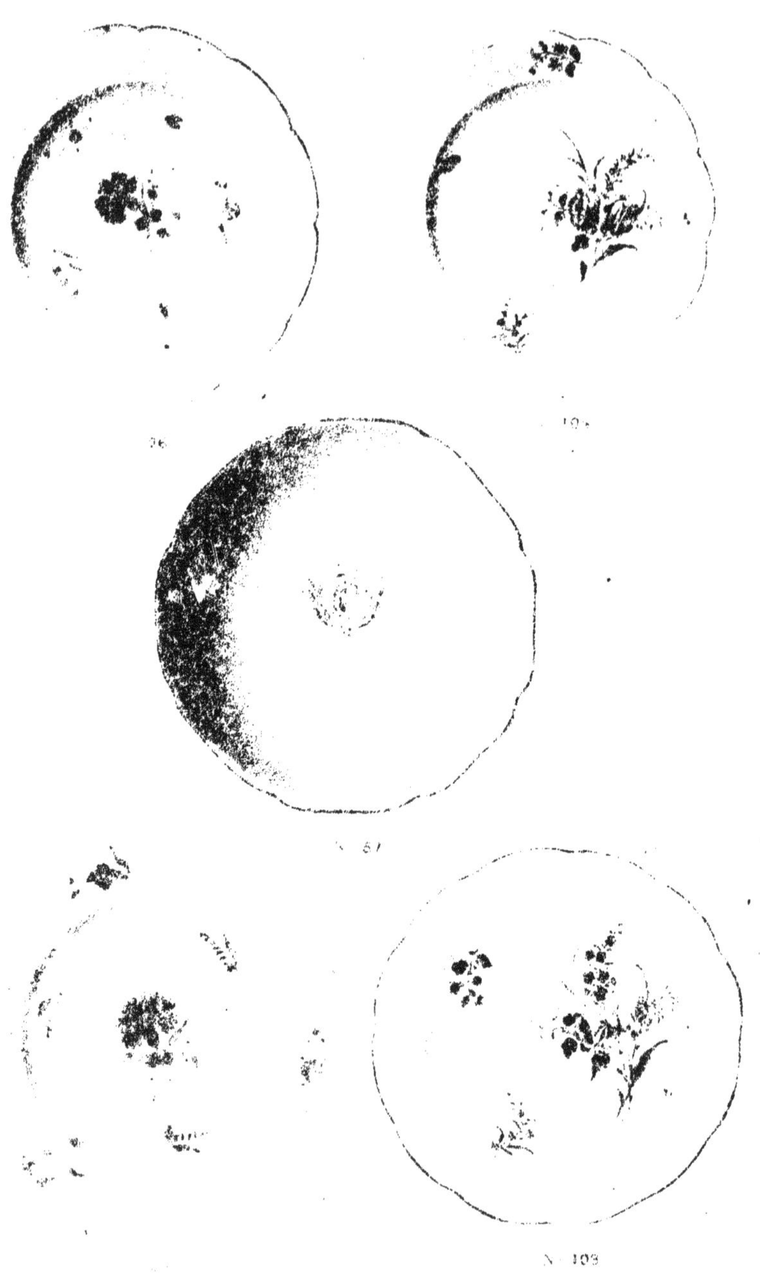

N° 103

[illegible]

[illegible] Marque [illegible]

[illegible]

[illegible] Marque [illegible]

[illegible]

[illegible] Marque [illegible]

[illegible]

[illegible] Marque [illegible]

[illegible] Dieu [illegible] gerbe de roses, [illegible] sur le marb. [illegible] Marque [illegible]

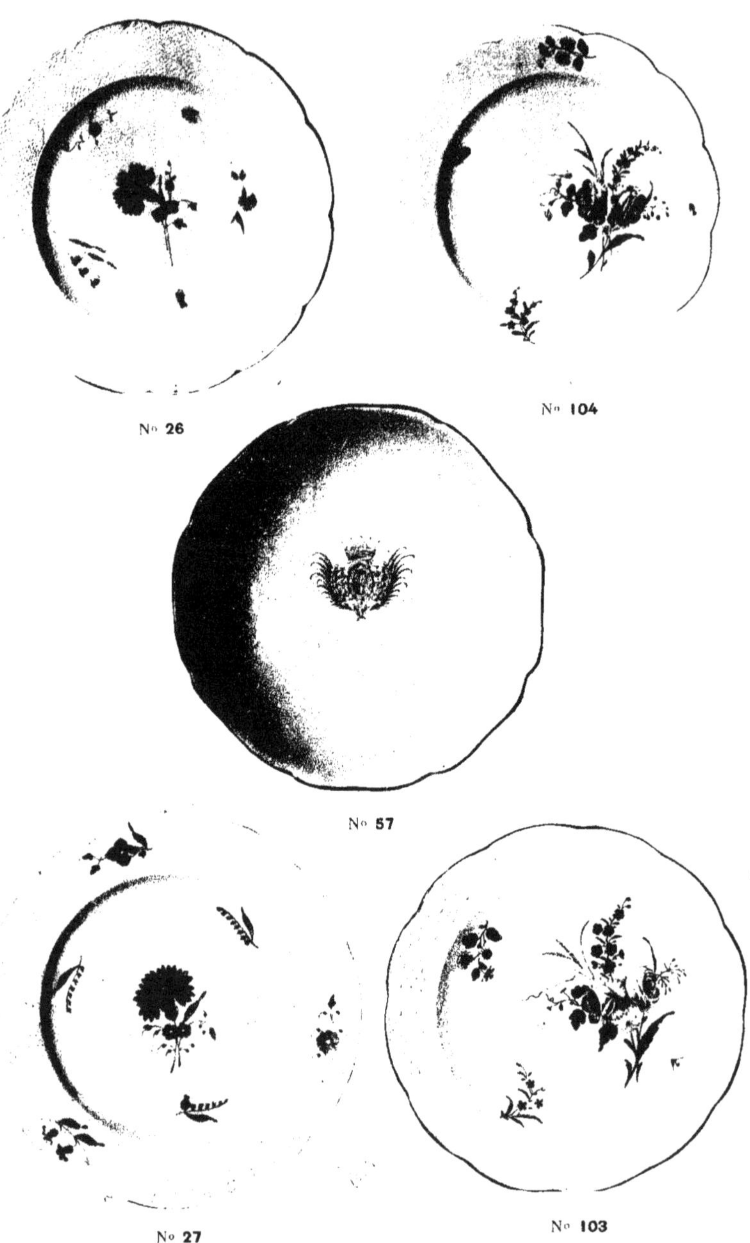

N° 26

N° 104

N° 57

N° 27

N° 103

22 — Compotier creux, à bord festonné, et nervures au marli. Décor en camaïeu bleu, dit *à la rose*. Le fond présente une gerbe de roses, myosotis et fleurettes variées, et animé d'un papillon. Sur le bord, tiges de volubilis et de fleurettes et une mouche. Marque au cor de chasse et lettre *F* en bleu.

Diam., 230 millim.

23 — Petit plat ovale, à bord festonné. Décor en camaïeu bleu, offrant un semis de gerbes de petites fleurs, brindilles et épis. Marque au cor de chasse et *A* en bleu.

Long., 300 millim.

24 — Petit plat ovale, à quatre lobes. Le marli gaufré à petite vannerie et palmes. Filets à la chute et au bord. Décor en camaïeu bleu, dit *à l'œillet*. Marque au cor de chasse et *B* en bleu.

Long., 300 millim.

25 — Petit plat ovale, à marli gaufré à petite vannerie simulée et nervures. Décor en camaïeu bleu, dit *à l'œillet*. Dans le fond, œillet et quatre tiges de fleurettes détachées. Filets à la chute et au bord. Marque au cor de chasse et lettre *P* en bleu.

Long., 340 millim.

26 — Deux plats ronds et creux, à bord festonné. Marli gaufré à petite vannerie simulée. Décor en camaïeu bleu, dit *à l'œillet*. Dans le fond, un œillet et trois tiges de fleurettes détachées, et deux insectes. Filets à la chute et au bord. Marque au cor de chasse, *L* et *P* en bleu. *Gt. H.* en creux.

Diam., 285 millim.

27 — Deux assiettes, à bord festonné. Le marli à trois compartiments gaufrés à vannerie, alternant avec trois unis. Décor en camaïeu bleu. Le fond présente un œillet et trois branches de muguet ; les compartiments unis au marli, agrémentés de fleurettes.

Diam., 250 millim.

28 — Plat ovale, à bord mouvementé. Le marli gaufré à petite vannerie simulée. Décor en camaïeu bleu, dit *à l'œillet*. Brindilles et épis ; filets à la chute et au bord. Marque au cor de chasse en bleu.

Long., 340 millim.

29 — Deux assiettes, à bord festonné. Décor en camaïeu bleu, dit *à la rose*. Dans le fond, petite gerbe de deux roses, et fleurettes de myosotis. Le marli entièrement couvert d'un quadrillé. Marque au cor de chasse et lettres *B* et *D* en bleu.

Diam., 250 millim.

(*Collection d'Yanville. N° 42.*)

30 — Assiette à bord festonné, à marli gaufré simulant la vannerie. Décor en camaïeu bleu, dit *à la rose*. Marque au cor de chasse et lettre *F* en bleu. Marque en creux.

Diam., 235 millim.

31 — Assiette, à bord festonné. Décor en camaïeu bleu, de style japonais, dit *au rocher*. Dans le fond, un rocher et un arbre. Au marli, une tige de fleurette, un papillon et une grosse mouche. Filet au bord. Marque au cor de chasse et lettre *P* en bleu.

(*Exposition au Musée des Arts décoratifs : Le Goût chinois en Europe au* XVIIIe *siècle.*)
(*Collection de M. le Comte X. de Chavagnac.*)

Diam., 240 millim.

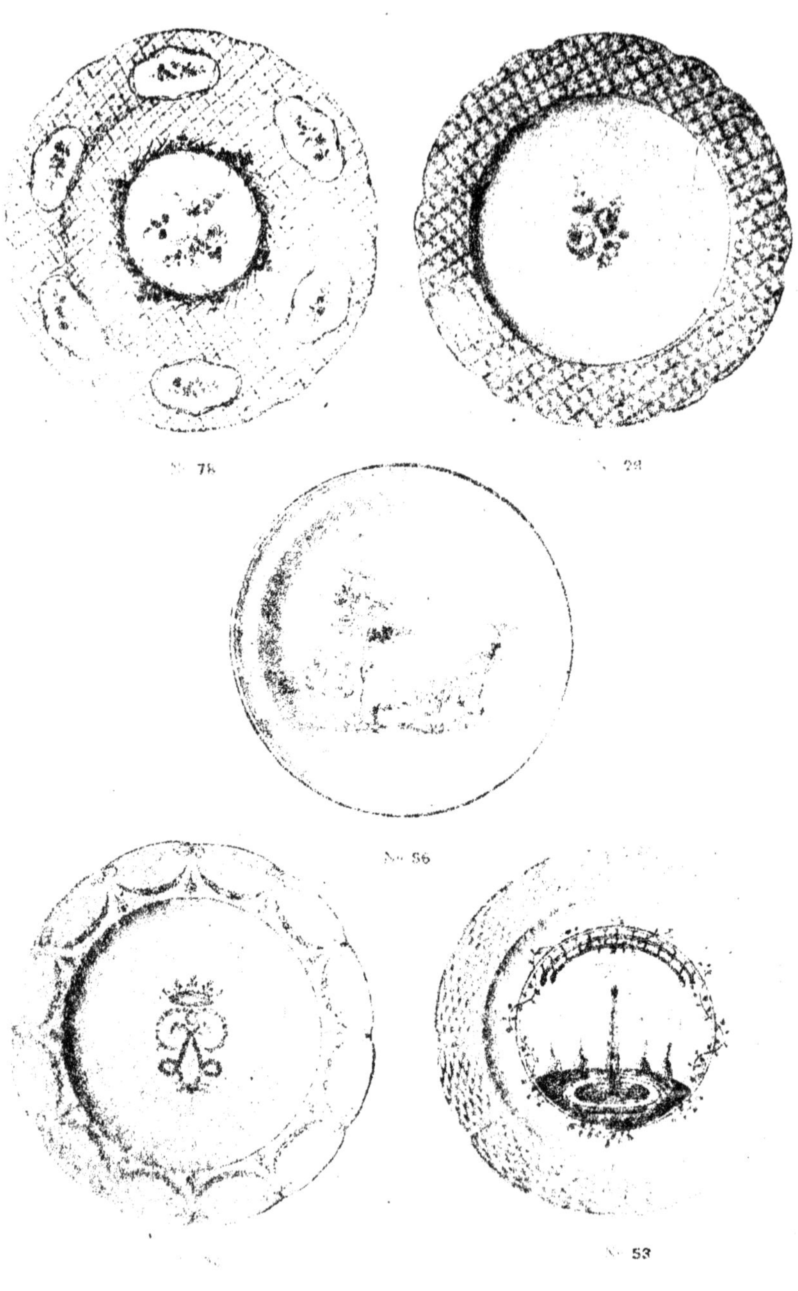

N° 78

N° 28

N° 86

N° 53

HÉLIO LÉON MAROTTE

[illegible]

[illegible] papillon [illegible]

[illegible] au Musée des Arts [illegible]

[illegible]

Collection de M. [illegible]

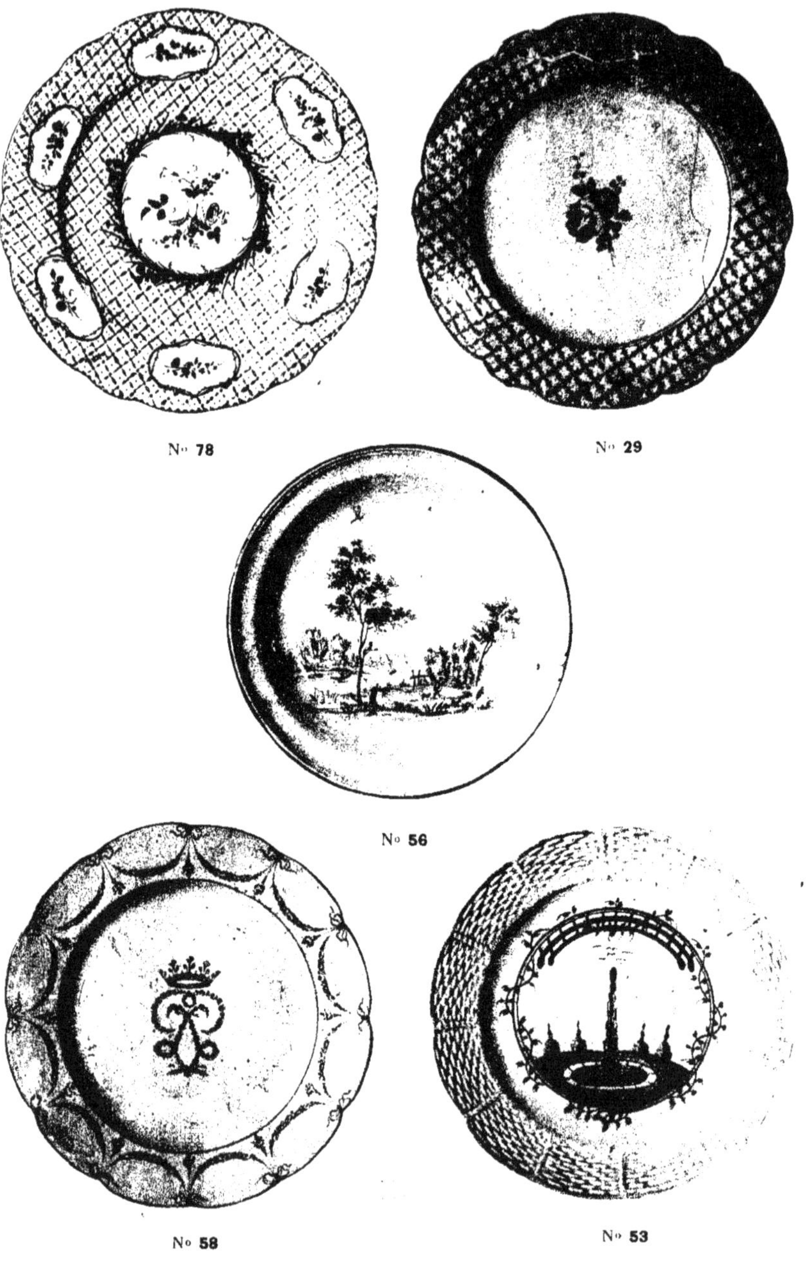

N° 78

N° 29

N° 56

N° 58

N° 53

HÉLIO LÉON MAROTTE

32 — ASSIETTE creuse, à bord festonné. Le marli gaufré à grosse vannerie simulée. Décor en camaïeu, dit *à la tulipe*. Marque au cor de chasse et *Ch.* en bleu.

Diam., 240 millim.

33 — ASSIETTE, à bord festonné. Décor en camaïeu bleu, dit *à l'œillet*. Un œillet et des fleurettes dans le fond. Cordon de brindilles s'enroulant sur un cercle au marli. Filet au bord. Marque au cor de chasse et lettre *P* en bleu.

Diam., 240 millim.

34 — POT A LAIT, à bord festonné et à panse arrondie, muni d'une anse, et trois pieds branchages. Décor en camaïeu bleu, dit *à l'épi ou à la brindille*. Marque au cor de chasse et *R* en bleu.

Haut., 120 millim.

35 — SUCRIER avec son couvercle. Décor en camaïeu bleu, dit *à l'épi ou à la brindille*. Marque au cor de chasse et *P* en bleu.

Haut., 130 millim.

36 — SAUCIÈRE OVALE, lobée, munie de deux anses torsades. Décor en camaïeu bleu, dit *à l'épi ou à la brindille*. Marque au cor de chasse en bleu.

Long., 240 millim.

37 — SAUCIÈRE, à deux anses, et son présentoir, de forme ovale, à bord mouvementé, bordé de palmes. Décor en camaïeu bleu, dit *à l'épi ou à la brindille*. Marque au cor de chasse et lettre *A* en bleu, sous la saucière.

Long., 300 millim.

38 — Petite verseuse, à anse et couvercle. Décor bleu, dit *à l'épi ou à la brindille*. Marque au cor de chasse et *C* en bleu. *B. D. S* en creux.

Long., 140 millim.

39 — Théière avec son couvercle et une anse, de forme arrondie, munie d'un bec court. Décor en camaïeu bleu, dit *à l'épi ou à la brindille*. Marque au cor de chasse en bleu et *D* en creux.

Haut., 150 millim.

40 — Ravier, forme bateau. Décor en camaïeu bleu, dit *à l'épi ou à la brindille*. Filet au bord. Marque au cor de chasse en bleu.

Long., 300 millim.

41 — Moutardier, en forme de tonnelet, à douves et cercles simulés, muni d'un couvercle gaufré à vannerie; sur présentoir adhérent, ovale, à bord mouvementé. Décor en bleu, dit *à l'épi ou à la brindille*. Marque au cor de chasse en bleu.

Haut., 93 millim.

42 — Moutardier, avec son couvercle, sur présentoir adhérent, de forme ovale quadrilobée. Le bord supérieur du moutardier ainsi que le marli du présentoir sont à pâte gaufrée, simulant la vannerie. Décor bleu dit *à l'œillet*. Filet sur le bord. Marque au cor de chasse, et signe en bleu.

Haut., 90 millim.

43 — Beurrier, forme baquet, avec couvercle à deux petites oreilles et poignée, sur présentoir circulaire adhérent. Décor en camaïeu bleu, dit *à l'épi ou à la brindille*. Marque au cor de chasse en bleu.

Diam., 210 millim.

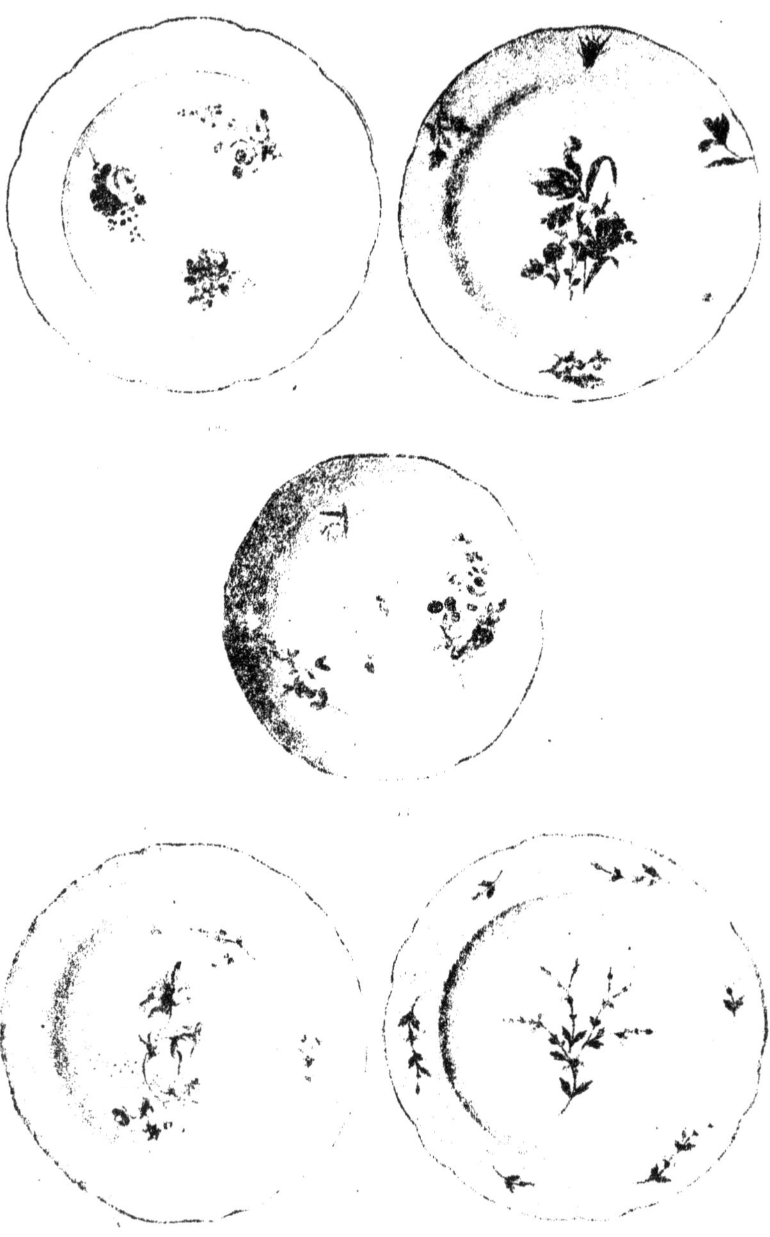

[illegible]

[illegible]

[illegible]

[illegible]

[illegible]

[illegible]

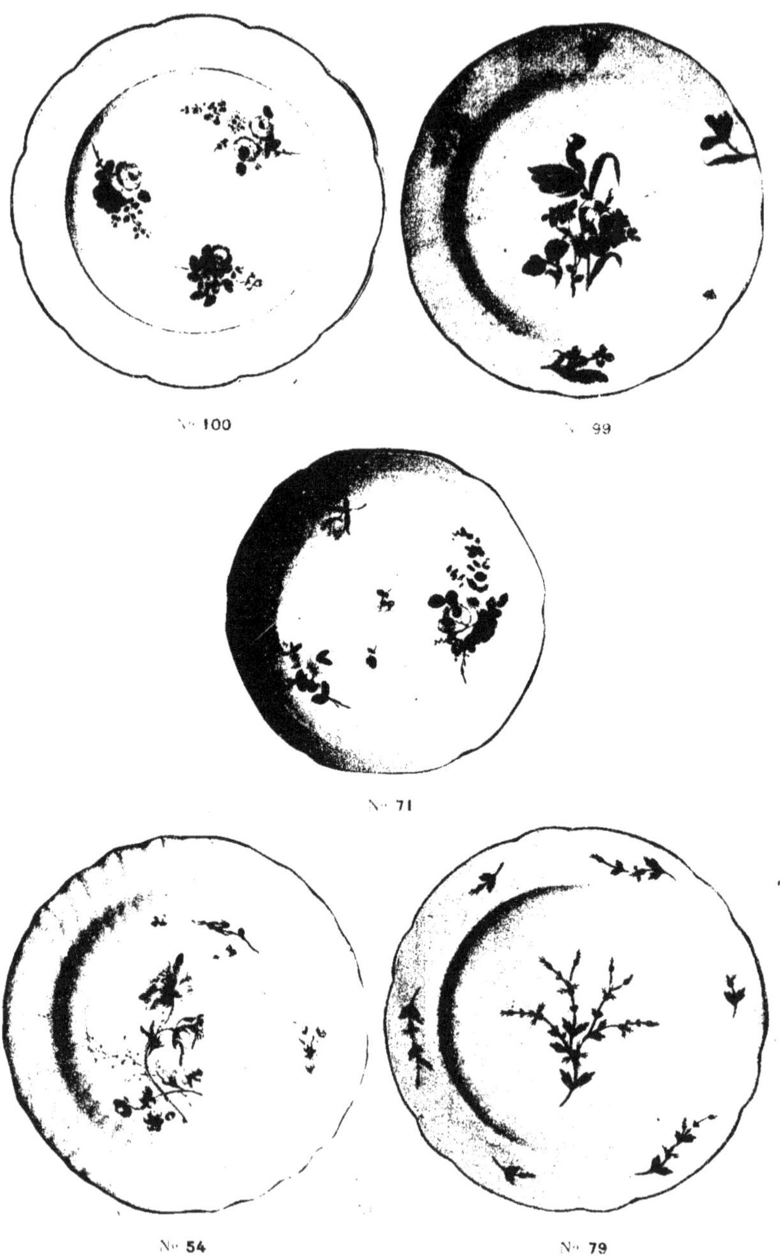

N° 100

N° 99

N° 71

N° 54

N° 79

44 — Beurrier, forme baquet, à deux petites anses, et couvercle à poignée, sur plateau adhérent; petite bordure gaufrée à petite vannerie simulée. Décor en camaïeu bleu, dit *à l'œillet*. Filet au bord. *Glz* en creux.

Diam., 200 millim.

45 — Confiturier, à double récipient, arrondi, adhérent sur un présentoir ovale et lobé. Décor en camaïeu bleu, dit *à l'épi ou à la brindille*. Marque au cor de chasse et *L* en bleu. *Pl* en creux.

Long., 210 millim.

46 — Double fond de glacière à sorbets, de forme circulaire, avec couvercle muni d'une anse en relief, à rocailles et feuillages. Décor en camaïeu bleu, dit *à l'épi ou à la brindille*.

Diam., 200 millim.

47 — Sucrier a poudre, couvert, avec son présentoir, de forme ovale et quadrilobée. Décor en camaïeu bleu, dit *à l'épi ou à la brindille*. L'anse du couvercle, faite de deux feuilles de palmier. Marque au cor de chasse et *D* en bleu.

Long., 225 millim.

48 — Sucrier a poudre avec son couvercle, sur présentoir adhérent, de forme ovale et quadrilobée. L'anse du couvercle faite de deux branches de palmier. Décor en camaïeu bleu, dit *à l'épi ou à la brindille*. Marque au cor de chasse et *D*.˙. en bleu.

Long., 220 millim.

49 — Porte-huilier, de forme ovale, dite *bateau*, à deux récipients à entrelacs ajourés simulant la vannerie. Décor en camaïeu bleu, dit *à l'épi ou la brindille*. Filet au bord. Marque au cor de chasse en bleu et *L. B* en creux. Accompagné de deux burettes en cristal blanc, taillé.

Long., 270 millim.

50 — Deux petites théières, à une anse, de forme arrondie, avec leur couvercle. Décor en camaïeu bleu, dit *à l'épi ou à la brindille*. L'une d'elles est munie d'un bec en argent. Marque au cor de chasse et lettre en bleu. Sur l'une, on lit *Cabin* en creux.

Haut., 105 millim.

51 — Petit saladier, à bord festonné. Décor en camaïeu bleu, dit *à l'épi ou à la brindille*. Marque au cor de chasse et lettre *B* en bleu.

Diam., 250 millim.

52 — Écuelle à bouillon circulaire avec son couvercle, munie de deux anses torsades, et accompagnée de son présentoir de forme ovale et quadrilobée. Décor en camaïeu bleu, dit *à l'épi ou à la brindille*. La poignée du couvercle faite d'un branchage à graines et feuillage. Marque au cor de chasse, *B* et *L*, en bleu.

Long., 230 millim.

53 — Cinq assiettes. Le marli gaufré à grosse vannerie simulée. Décor en camaïeu bleu, dit *au jet d'eau*. Au centre, un bassin avec jet d'eau dans un entourage treillagé enguirlandé de fleurettes. Marque au cor de chasse et *Ch.* en bleu.

Diam., 235 millim.

N° 150

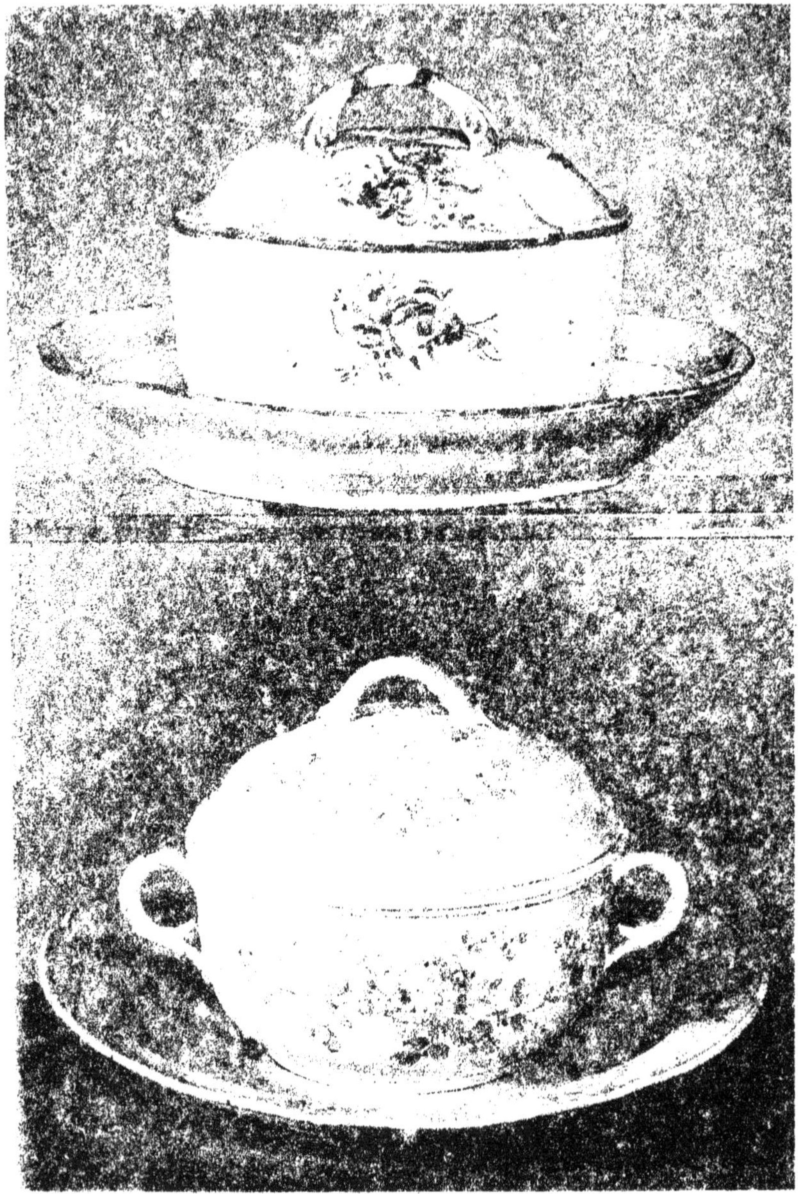

N° 150

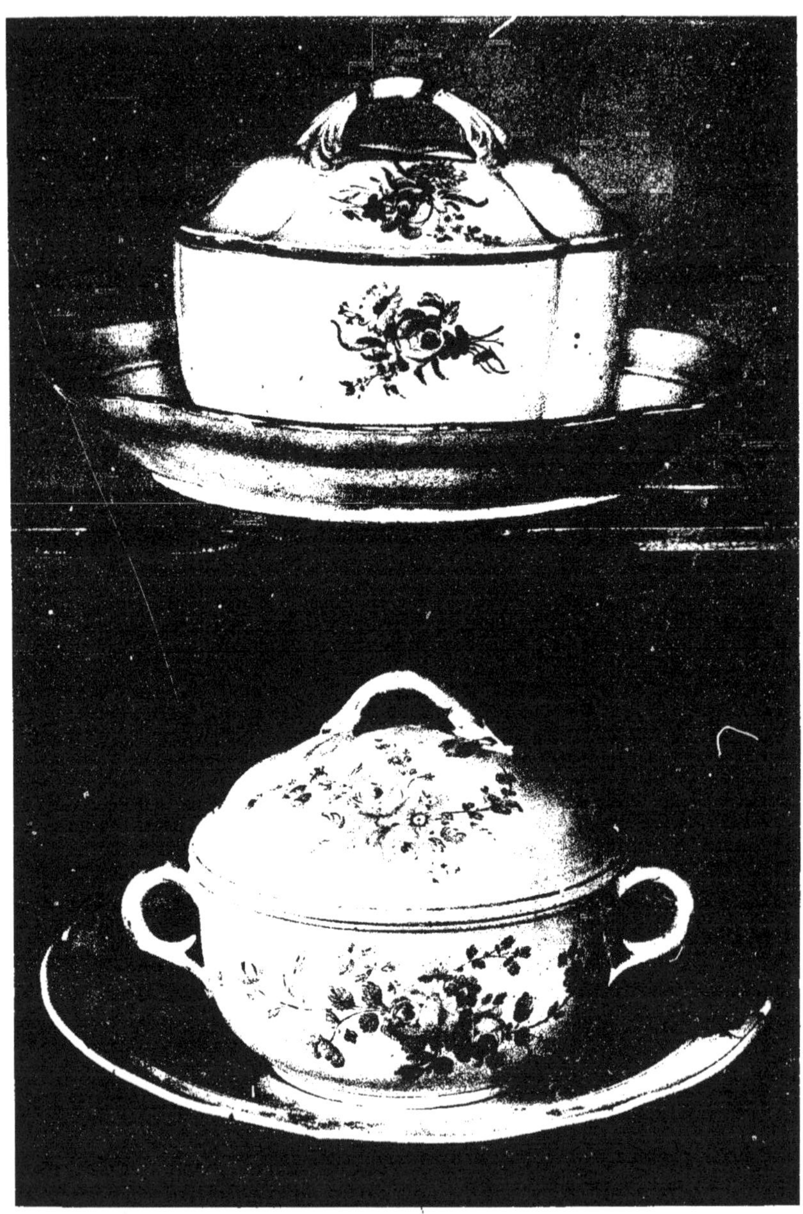

N° 62

54 — Deux assiettes creuses, à bord festonné. Le marli à petite bande gaufrée simulant la vannerie. Quatre groupes de godrons obliques couvrent la chute et le marli dans le goût des modèles de Tournai. Décor en camaïeu rose. Le fond présente des tiges de tulipes fleuries et des fleurettes. Filet rose au bord. Marque au cor de chasse en bleu et lettre *F* en rose.

Diam., 240 millim.

55 — Plat ovale, à bord festonné. Décor en camaïeu bleu, dit *à l'épi ou à la brindille,* sur biscuit *non émaillé.* Filet au bord. Marque au cor de chasse et *Chantilly* en toutes lettres en bleu.

Long., 380 millim.

56 — Petit plat creux. Décor en camaïeu bleu. De forme circulaire, il présente dans le fond un paysage traversé par un cours d'eau, animé de personnages, d'oiseaux et d'insectes. Marque au cor de chasse et lettre *C* en bleu.

Diam., 220 millim.

57 — Petit saladier circulaire, à bord festonné. Décor en camaïeu bleu. Il présente, dans le fond, les armes de la Maison de Condé, sur fond de palmes. Filet bleu sur le bord. Marque au cor de chasse et *L* en bleu.

Diam., 245 millim.

58 — Deux assiettes, à bord festonné. Décor en camaïeu bleu. Elles présentent chacune, au centre, les lettres *L P* conjuguées et entrelacées, faites de roses et timbrées d'une couronne à cinq fleurs de lis. Le marli

offre des guirlandes de fleurs et des pendentifs retenus au bord par des nœuds de ruban. Filet sur le bord et à la chute. (Le service complet fut exécuté pour le Duc d'Orléans, dont il porte le chiffre.) Au revers, on lit *Villers Cotteret*, la marque au cor de chasse et la lettre *R* en bleu ; ainsi que la marque au cor, en creux.

Diam., 240 millim.

59 — Soucoupe, décor en camaïeu bleu, offrant dans le fond les armes des Condé se détachant sur un fond de palmes. Sur le bord, filet bleu. Marque au cor de chasse et lettre *L* en bleu.

Diam., 120 millim.

60 — Tasse à anse, à base légèrement arrondie, et sa soucoupe. Décor en camaïeu bleu. Les deux pièces offrent les armes des Condé, se détachant sur un fond d'étendards. Marque au cor de chasse et lettre *P* en bleu, sur les deux pièces.

Haut. totale, 70 millim.

61 — Assiette, à bord festonné. Décor en camaïeu bleu, présentant, dans le fond, les armes des Condé se détachant sur un fond d'étendards. Filet au bord. Marque au cor de chasse et lettre *P* en bleu.

Diam., 245 millim.

62 — Écuelle a bouillon, à deux anses, avec son couvercle et son présentoir, ce dernier à bord festonné. Décor en camaïeu bleu, dit *à la rose*. L'écuelle est ornée de deux gerbes de roses et de fleurettes, décor analogue sur le présentoir et sur le couvercle, qui est muni

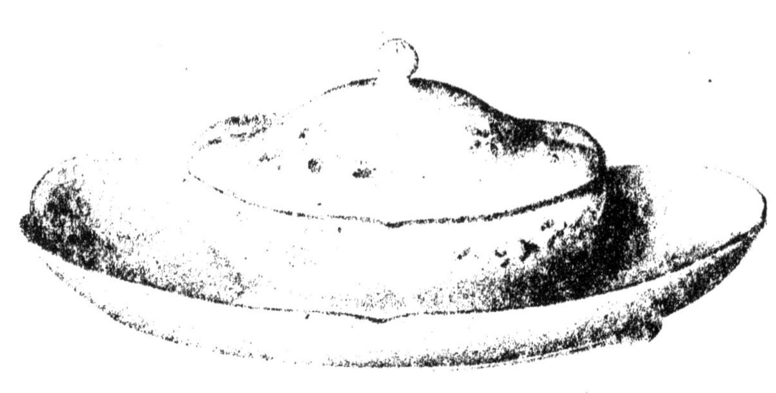

63

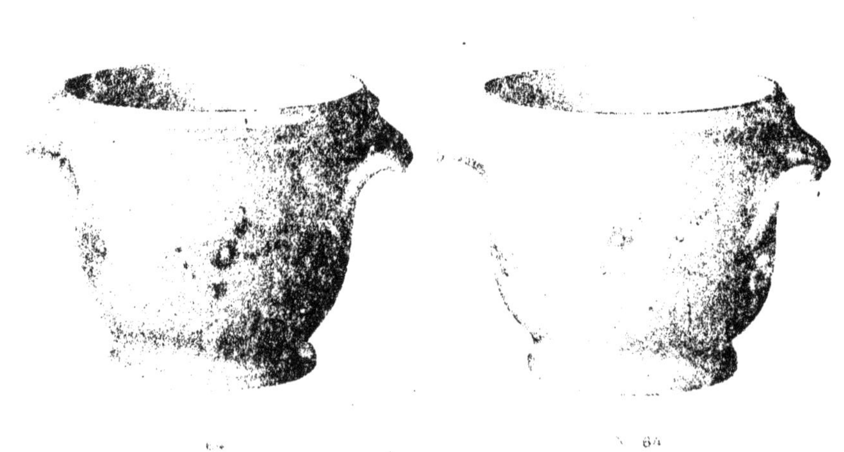

64

[illegible] de fleurs [illegible] par des [illegible] le retable [illegible] complet fut exécuté [illegible] par la main [illegible]

[illegible]

[illegible]

[illegible]

[illegible] le cadre est [illegible] qui [illegible]

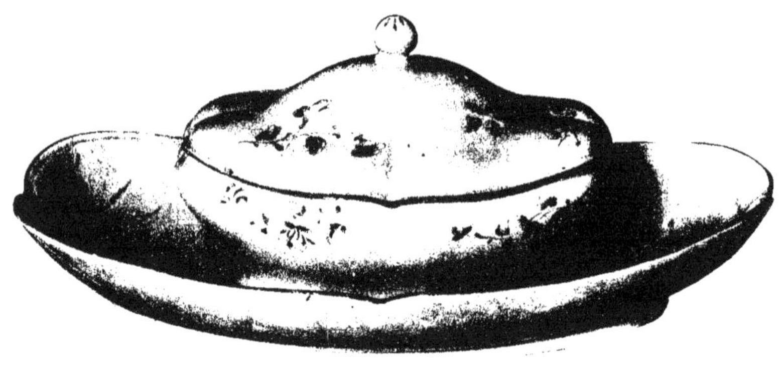

N° 63

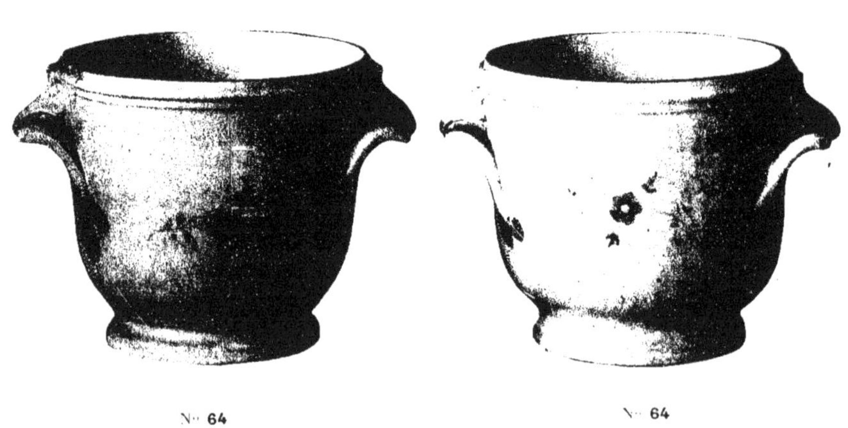

N° 64 N° 64

N° 67

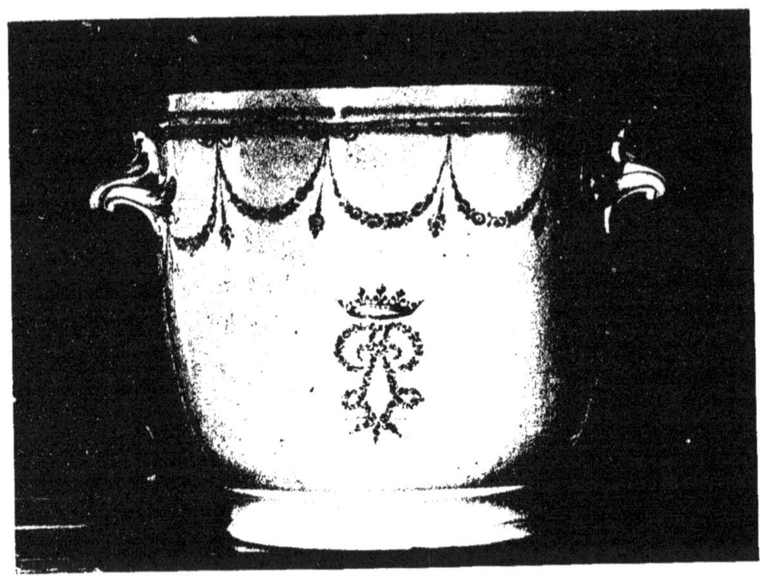

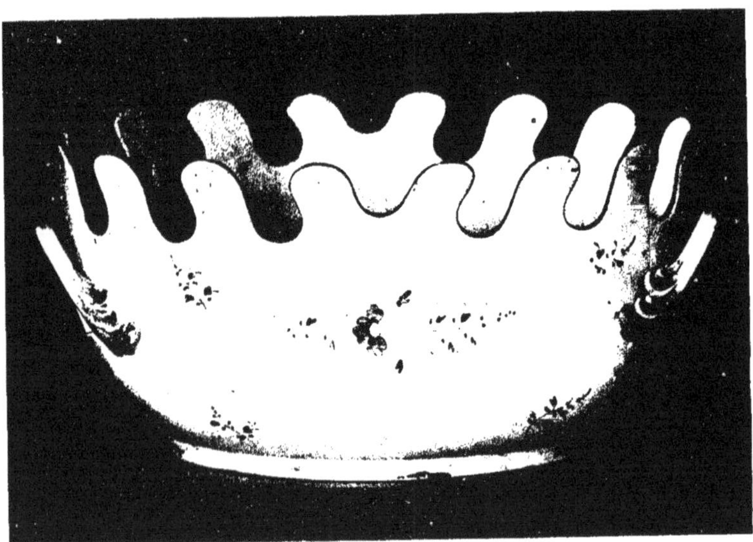

N° 66

d'une poignée faite de branchage. Marque au cor de chasse et lettre *B* en bleu. Le présentoir est en outre marqué d'un *A* en creux.

Haut. totale, 130 millim.
Diam. du présentoir, 240 millim.

63 — Sucrier a poudre avec son couvercle, sur présentoir adhérent. Décor en camaïeu bleu, dit *à la rose*. De forme mouvementée, il présente des gerbes de roses, de muguets, de chèvrefeuille, brindilles et volubilis, ainsi que des mouches. Marque au cor de chasse et lettre *D* en bleu. En creux, *Cabin*.

Haut. 105 millim ; long., 265 millim.

64 — Paire de petits cache-pots-jardinières, sur petit pied à gorge. Ils sont munis chacun de deux petites anses à coquilles et feuillages. Décor camaïeu bleu, dit *à l'épi ou à la brindille*. Marque au cor de chasse et lettre *I* en bleu. *L B - H* en creux.

Haut., 105 millim.

65 — Aiguière, munie d'une anse torsade. Décor bleu, dit *à l'épi ou à la brindille*. Filet au bord. Le couvercle est maintenu sur l'anse par une monture à coquille, en cuivre argenté. Marque au cor de chasse et lettre *D* en bleu.

Haut., 190 millim.

66 — Verrière ovale, à bord largement découpé, munie de deux anses ajourées formées de palmes. Décor en bleu, dit à *l'épi ou à la brindille*. Marque au cor de chasse et lettre *L* en bleu.

Long., 300 millim.

67 — Important seau a rafraichir, de forme cylindrique, à base arrondie, et petit piédouche ; il est muni de deux anses à coquilles et palmes, modelées en relief. Décor en camaïeu bleu. Il offre, deux fois répété, le chiffre du duc d'Orléans, composé des lettres *L-P* conjuguées et entrelacées, faites de roses et timbrées d'une couronne à cinq fleurs de lis ; en bordure, des guirlandes et pendentifs de fleurs, retenus par des nœuds de ruban. (Le service complet fut exécuté pour le duc d'Orléans.) Marque *au cor de chasse* et *Villers Cotteret* en bleu.

Diam., 190 millim.

Diam. d'ouverture, 190 millim.

68 — Deux petits vases, forme balustre. Décor en camaïeu rose. Ils sont côtelés et munis chacun de deux anses à rocailles et feuillages modelés en relief. Le décor présente des guirlandes de fleurs sur l'épaulement ; et un semis de fleurettes détachées et d'insectes. Sans marque.

Haut., 195 millim.

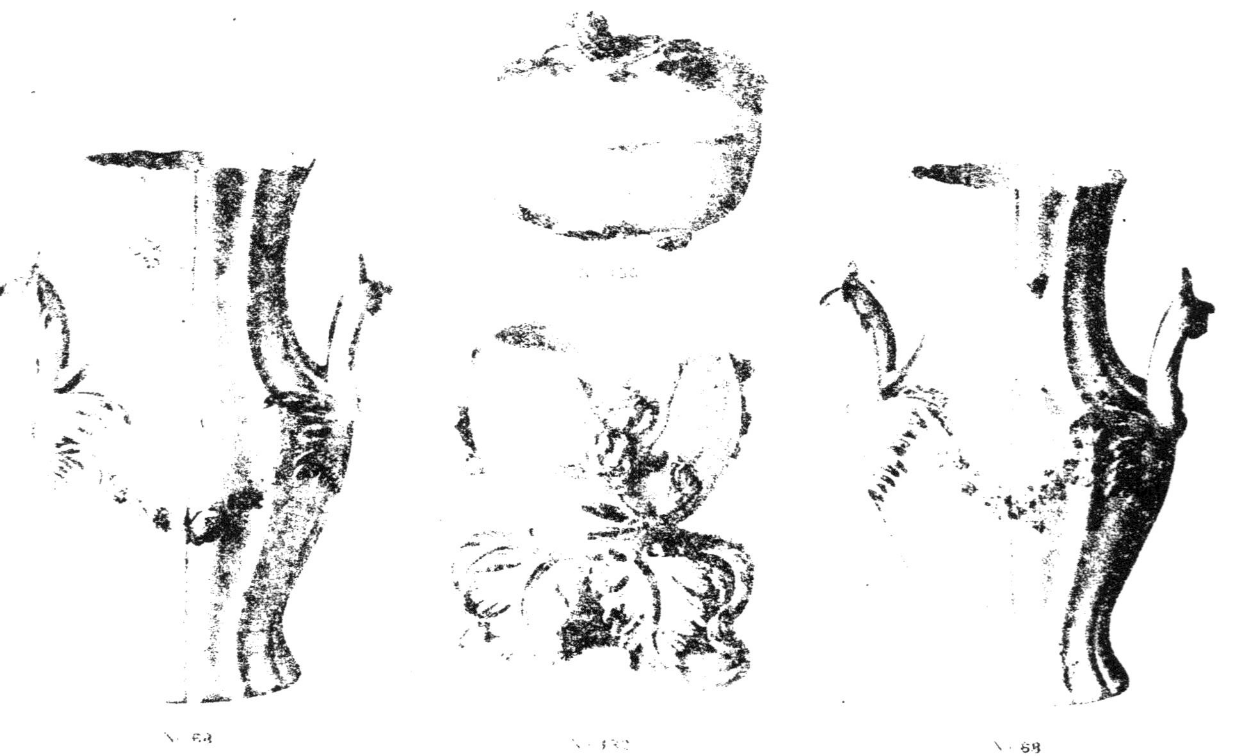

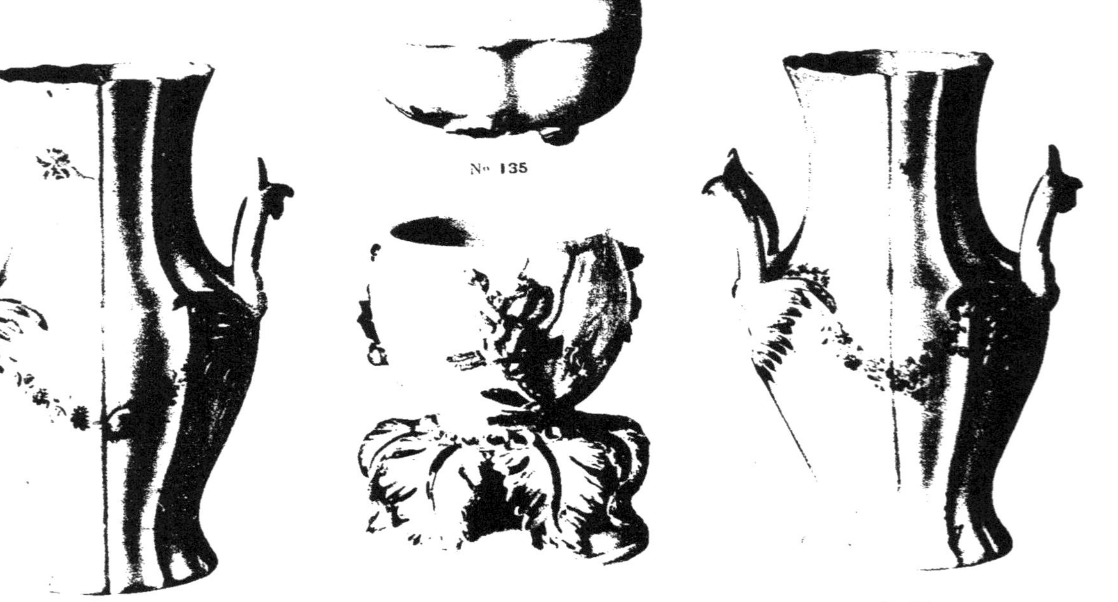

N° 135

N° 68 — N° 132 — N° 68

N° 72 N° 169 N° 113

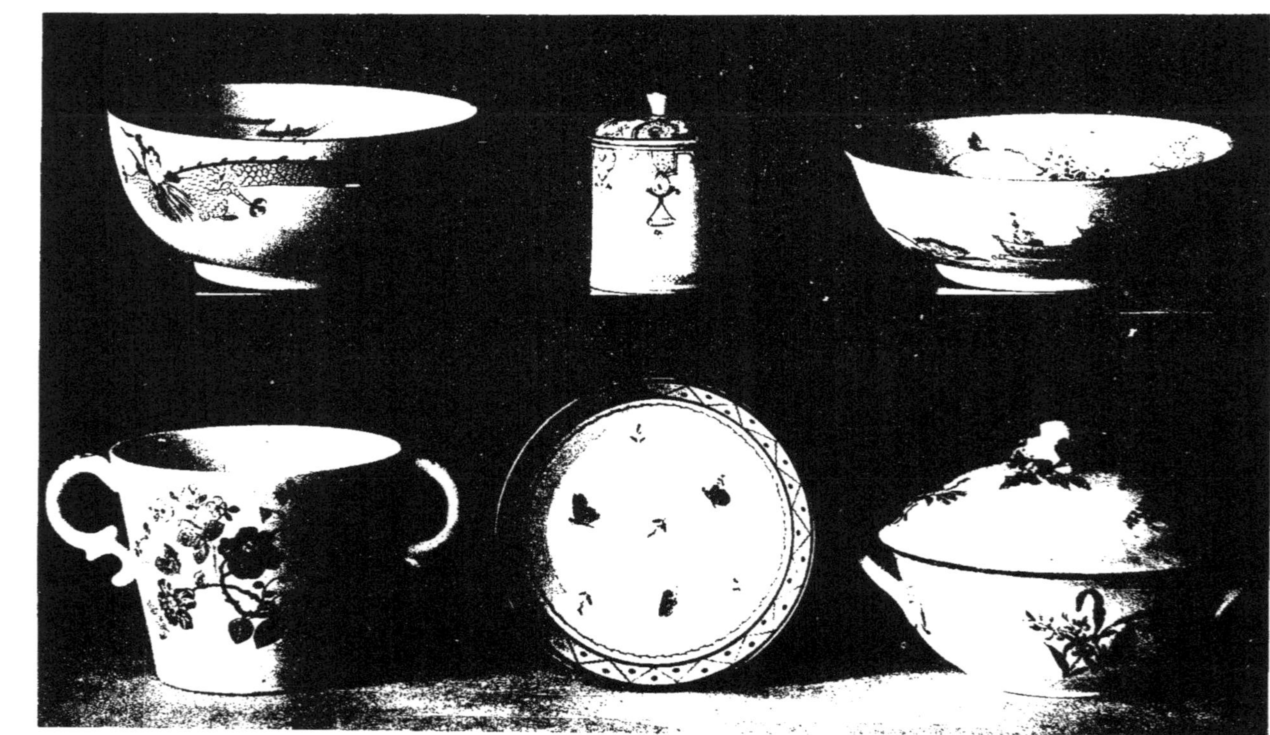

N° 76 N° 162 N° 112

ANCIENNES PORCELAINES

PATE TENDRE

DE CHANTILLY

DÉCOR POLYCHROME

69 — Soucoupe circulaire, décor polychrome, de style coréen, offrant dans le fond des feuilles de fougères, des tiges de fleurs et des insectes. Marque au cor de chasse en rouge.

Diam., 130 millim.

70 — Petite tasse côtelée, à bord polylobé, offrant la forme d'un fruit, munie d'une anse faite de branchages. Décor polychrome, dit *à l'écureuil et à la haie fleurie*, de style japonais.

Haut., 40 millim.

71 — Compotier, à bord festonné, bordure intérieure gaufrée simulant la vannerie. Décor polychrome. Intérieurement, deux gerbes de roses jaune et rose, une tulipe et une fleurette détachées. Filet jaune sur le bord. Marque au cor de chasse et lettre *C* en bleu.

Diam., 200 millim.

72 — Bol circulaire, décor polychrome. Sur le pourtour extérieur, un dragon en rouge de cuivre et bleu et un groupe de trois feuilles de paulownia. A l'intérieur, branches de chrysanthèmes et de pivoines feuillagées et fleuries. Marque au cor de chasse en rouge.

Diam., 150 millim.

73 — Tasse, en forme de pêche, et sa soucoupe, en forme de feuille; l'anse est formée par la queue du fruit. Décor polychrome, dit *à la grenade*. Les deux pièces offrent chacune un groupe de ce fruit, avec branches et feuilles, ainsi qu'un insecte et deux feuilles et fleurs, accouplées de paulownia. Marque au cor de chasse en rouge.

Haut. de la tasse, 55 millim.
Long. de la soucoupe, 140 millim.

74 — Grande chope cylindrique, à une anse. Décor polychrome, dit *à la gerbe*, et fleurettes détachées. Marque au cor de chasse en rouge.

Haut., 110 millim.

75 — Écuelle a bouillon, à une anse (la seconde a été coupée). Décor polychrome, composé de deux dragons, et semis de petites feuilles et d'insectes. Marque au cor de chasse en rouge.

Haut., 170 millim.
Diam., anse comprise, 160 millim.

76 — Grande tasse obconique, à deux anses. Décor polychrome, dit *à la jonquille*. Marque au cor de chasse en rouge.

Haut., 90 millim.

77 — Assiette creuse, à bord festonné. Décor polychrome. Dans le fond, trois enfants chinois, l'un portant un oiseau perché sur un bâton, près d'eux une tablette sur une table basse; à terre, un écran à main. Au marli, dragon, insecte, tiges et branches de fleurs. Marque au cor de chasse en rouge.

Diam., 24 millim.

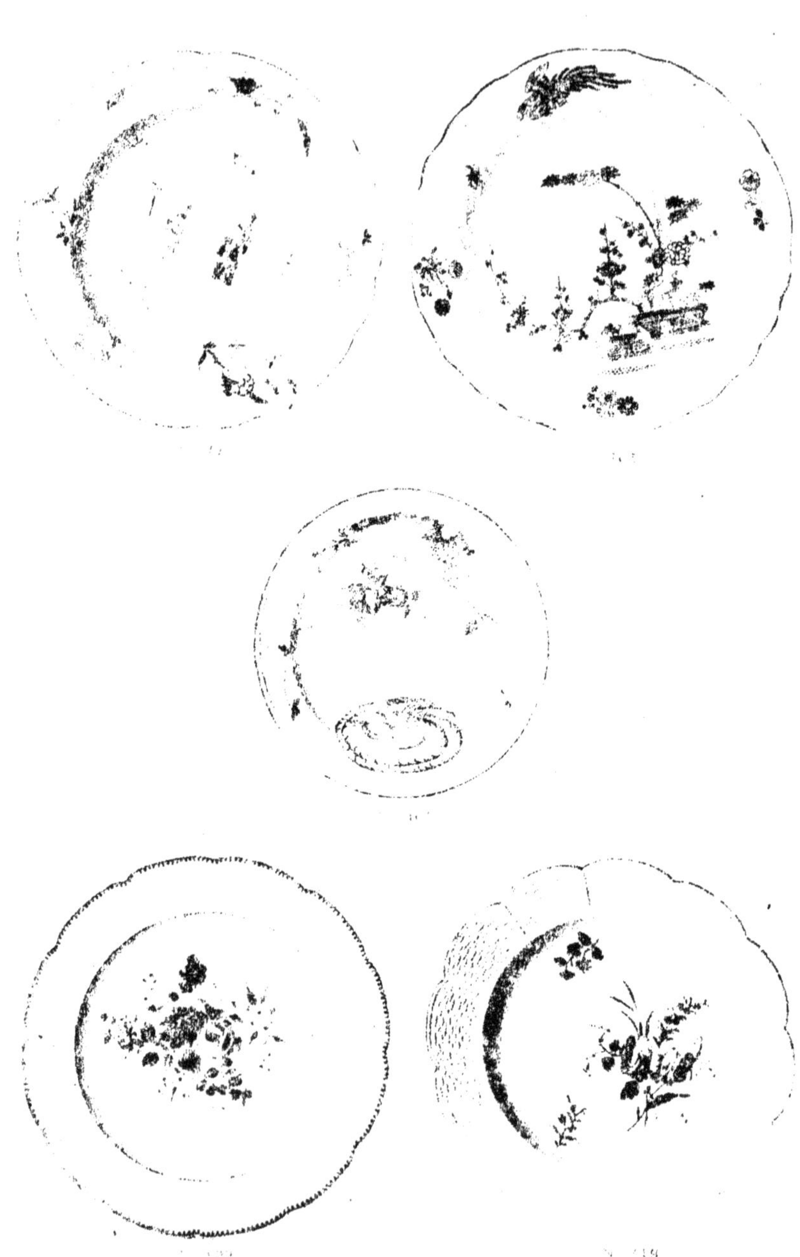

[illegible]

[illegible]

[illegible]

[illegible]

[illegible]

[illegible]

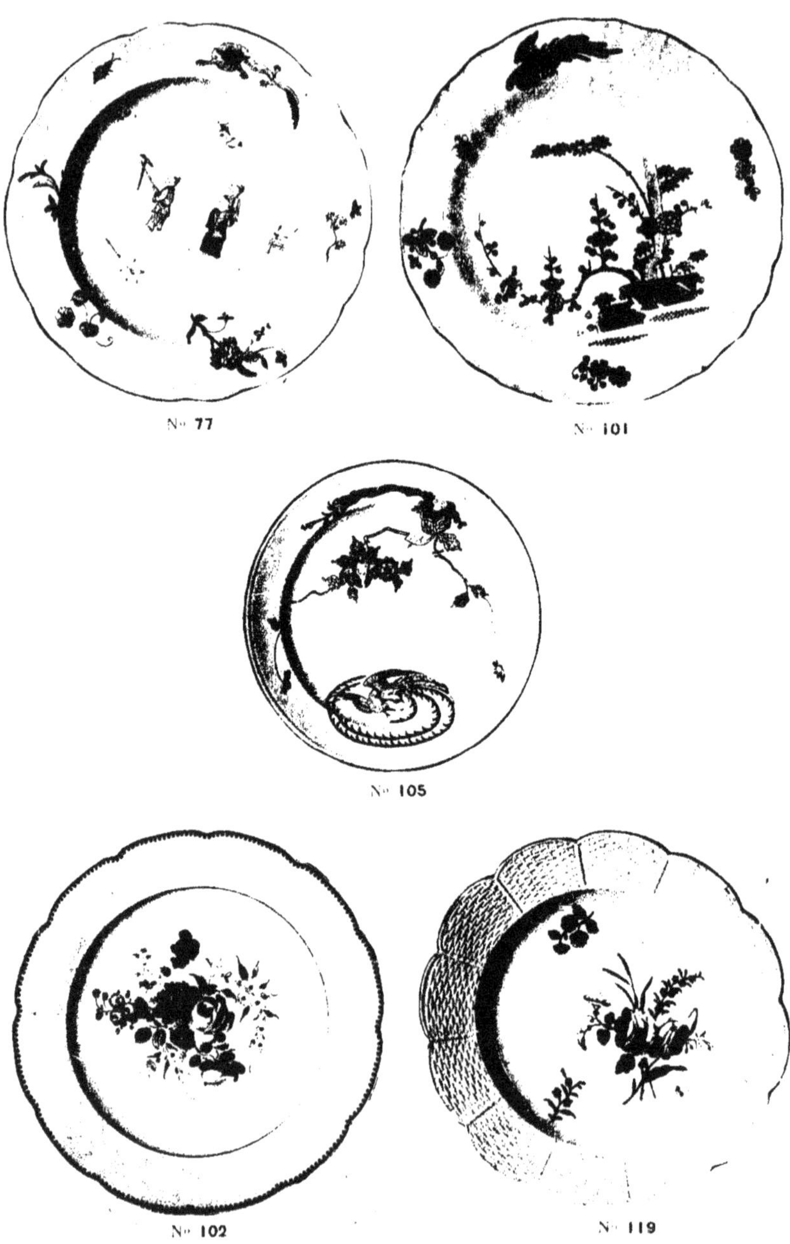

N° 77

N° 101

N° 105

N° 102

N° 119

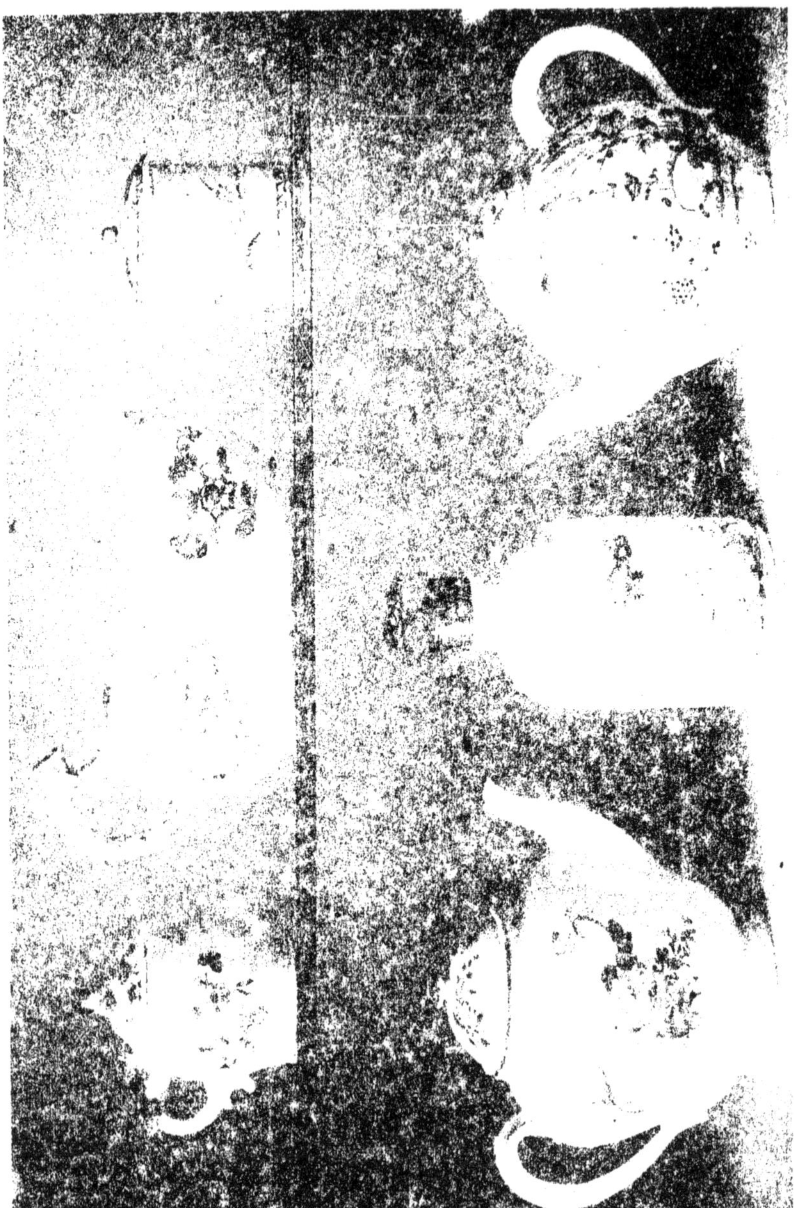

[illegible]

N° 81 N° 140 N° 116

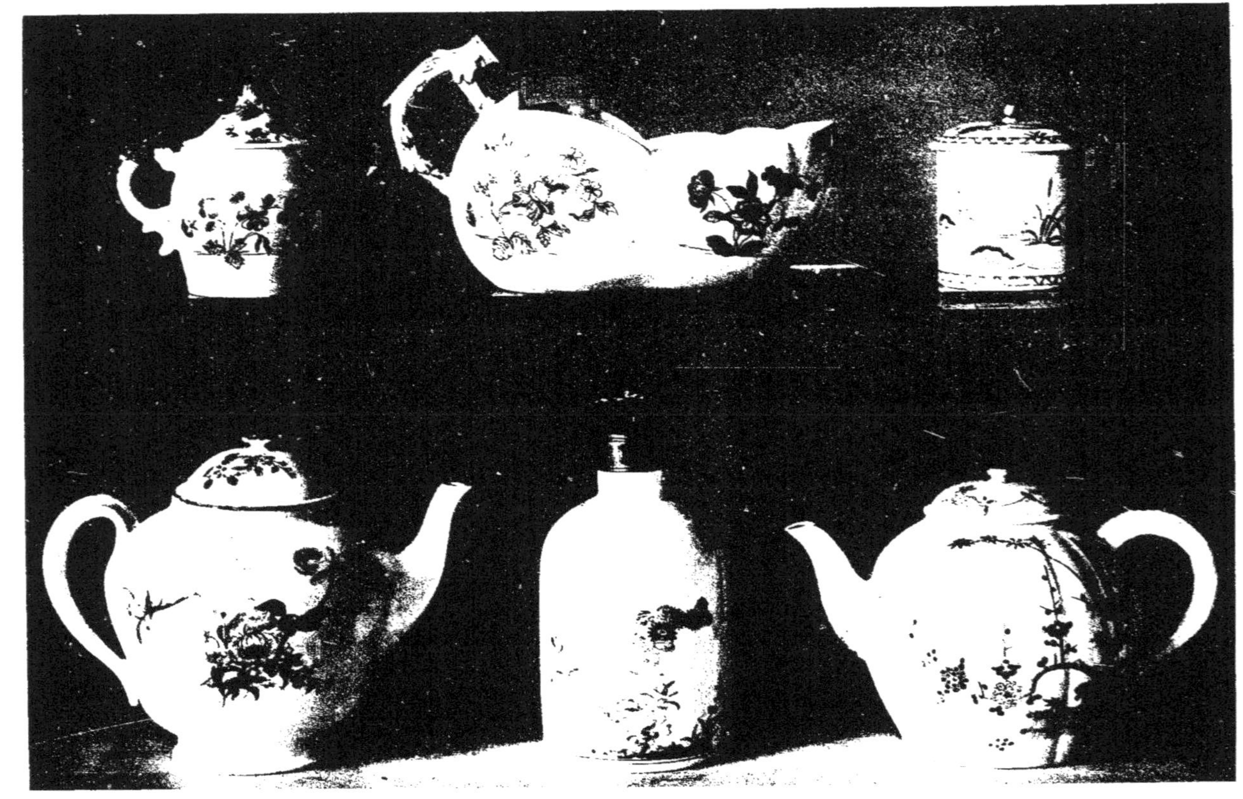

N° 86 N° 109 N° 114

Hélio Léon Marotte

78 — Assiette, à bord festonné. Décor polychrome, offrant, au centre, réservé, sur un fond quadrillé bleu, à fleurons, un médaillon rond chargé d'une gerbe de roses, de volubilis et de myosotis, entouré de feuilles de palmiers en dorure. Six autres médaillons ovales, mi-engagés, à la chute et au marli, contenant des branches de fleurettes, encadrement de cordons de feuillages. Dentelures sur le bord.

Diam., 250 millim.

(*Collection d'Yanville. N° 165.*)

79 — Deux assiettes, à bord festonné. Décor au naturel, dit *barbeau*. Marque au cor de chasse et lettre *P* en bleu.

Diam., 235 millim.

80 — Petit pot a pommade avec son couvercle. Décor polychrome. Gerbe et semis de fleurettes ; le bouton du couvercle fait d'une fleur. Marque au cor de chasse en rouge.

Haut., 65 millim.

81 — Moutardier, à une anse, avec son couvercle. Décor polychrome, dit *à la jonquille*. En forme de tonnelet, agrémenté de quatre touffes ou tiges de fleurettes, fleurs détachées et insectes voletant. Le couvercle surmonté d'un bouton de fleur. Marque au cor de chasse en rouge. Monture ancienne en argent.

Haut., 90 millim.

82 — Tasse, de forme obconique, munie d'une anse à branchages et petites feuilles, et de trois cercles en saillie. Décor polychrome. Le pourtour offre des touffes d'œillets et de tulipes, de pensées et de fleurettes variées, ainsi que des insectes voletant. Marque au cor de chasse en rouge.

Haut., 60 millim.

83 — Tasse et sa soucoupe, de forme octogone. Décor polychrome, dit *à la caille*. Chacune des pièces offre un groupe de deux de ces oiseaux, des branchages et des tiges de fleurs. Marque au cor de chasse en rouge.

Haut. totale, 65 millim.

(*Exposition au Musée des Arts décoratifs : Le Goût chinois en Europe au* XVIIIe *siècle.*)

84 — Petite tasse, de forme obconique et circulaire, avec sa soucoupe. Décor polychrome, dit *à la caille et à la cigogne*. Le pourtour de la tasse présente deux groupes, comprenant, chacun, un couple de ces oiseaux, des fleurs aquatiques et autres. La soucoupe offre la même décoration.

Haut. totale, 60 millim.

85 — Boite rectangulaire, sans couvercle. Décor polychrome, dit *à la haie fleurie et à la gerbe*. Elle présente sur toutes ses faces des haies fleuries, rochers, gerbes et branches de fleurs.

Long., 70 millim.; larg., 55 millim.

(*Exposition au Musée des Arts décoratifs : Le Goût chinois en Europe au* XVIIIe *siècle.*)

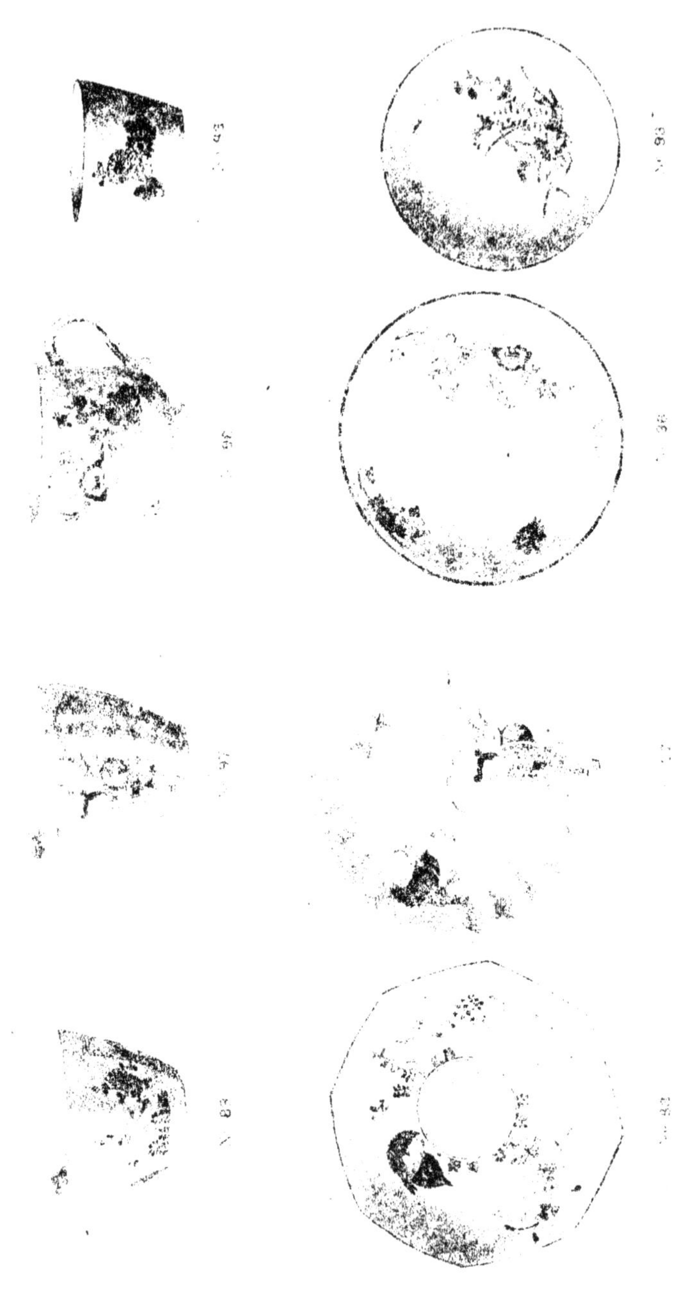

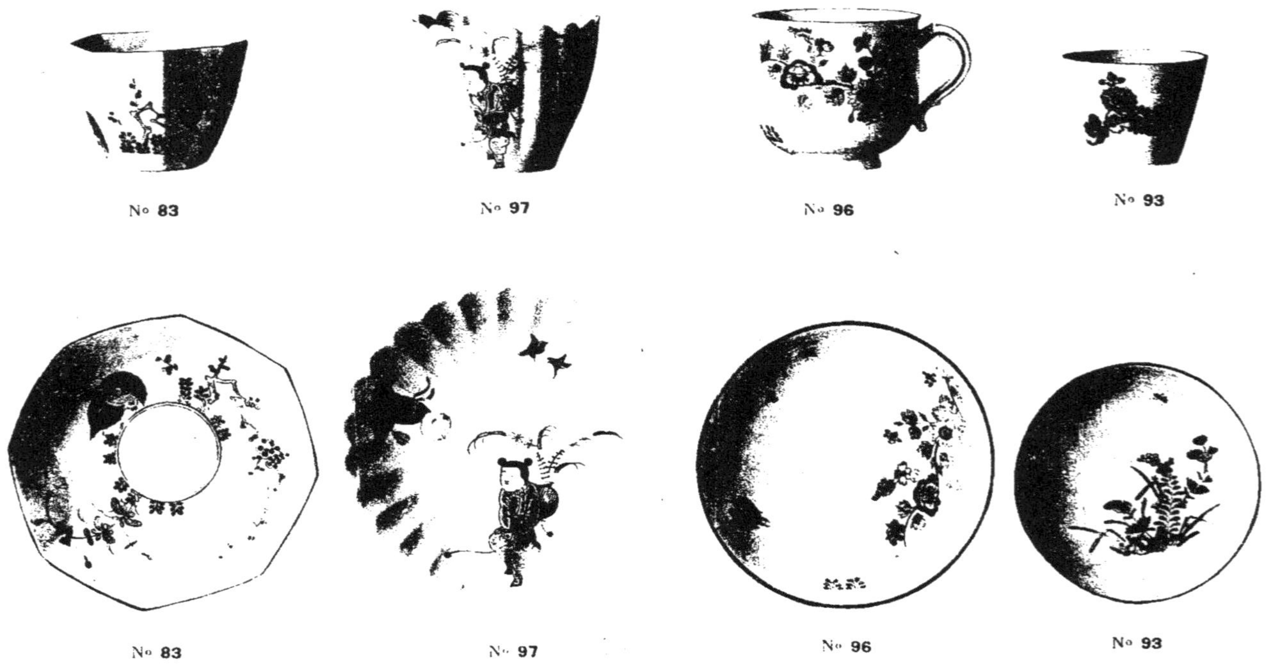

N° 83 — N° 97 — N° 96 — N° 93

N° 83 — N° 97 — N° 96 — N° 93

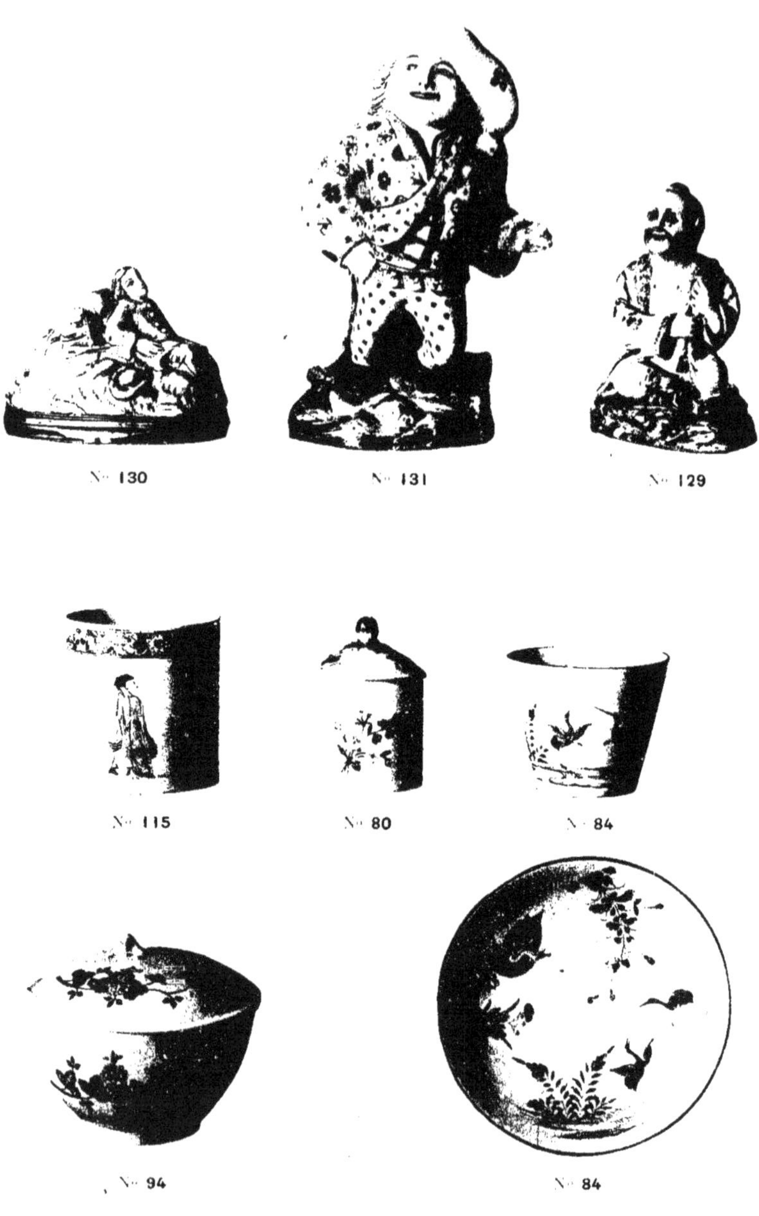

N° 130 N° 131 N° 129

N° 115 N° 80 N° 84

N° 94 N° 84

86 — Théière a anse et un couvercle, de forme arrondie, à base cul-de-poule. Décor polychrome. Sur la panse, gerbes de roses et fleurs variées. Marque au cor de chasse et signe en manganèse. Le couvercle est assorti, en ancienne porcelaine tendre de Mennecy.

Haut., 140 millim.

87 — Théière, de forme ovoïde et côtelée, avec son couvercle. Décor polychrome, dit *à la caille et à la cigogne*. Deux couples de chacun de ces oiseaux sont disposés sur la panse de la théière, ainsi que des touffes de nélumbos, fleurs variées et feuilles de paulownia. Au déversoir et sur l'anse, arabesques et fleurettes. Sur le couvercle, deux cigognes et tiges fleuries. Marque au cor de chasse en rouge.

Haut., 1[illegible]0 millim.

88 — Petite tasse a bouillon, à deux anses, avec un présentoir octogone, à bord festonné et nervures à la chute. Décor polychrome dit *à la caille et à la cigogne*. Chaque pièce offre deux couples de ces oiseaux, des touffes de nélumbos fleuris et de fleurs et feuillages variés. Marque au cor de chasse en rouge.

Haut. totale, 62 millim.

89 — Pot a crème, à une anse avec son couvercle. Décor polychrome, dit *à l'écureuil et à la haie fleurie*.

Haut., 65 millim.

90 — Petit pot a crème couvert, à une anse. Décor polychrome, dit *à la jonquille*. Le pot et le couvercle offrent des tiges de fleurettes et un papillon. Bouton de fleur et feuilles en relief surmontant le couvercle. Marque au cor de chasse en rouge.

Haut., 75 millim.

91 — Six tasses, à anse, à base légèrement arrondie, et leur soucoupe, *du service de la ménagerie*. Décor polychrome, consistant en gerbes de roses et fleurs variées ainsi que d'insectes. Petit filet jaune au bord. Une tasse et une soucoupe sont marquées au cor de chasse et d'un *M* en bleu. La plupart des autres pièces portent la marque et la lettre *P* en bleu.

Haut., 70 millim.

92 — Tasse à anse, à orifice évasé; la partie médiane rétrécie; la base en ressaut, et arrondie. Elle est accompagnée d'une soucoupe à six lobes. Décor polychrome, dit *à la gerbe*. Filet brun au bord.

Haut., 75 millim.

93 — Deux petites tasses et leur soucoupe. Décor polychrome. Les tasses, de forme évasée. Le décor consiste en chrysanthèmes, nélumbos, feuilles de paulownia, tiges de fleurettes variées et insectes. Filet brun au bord. Marque au cor de chasse, en rouge sur la soucoupe.

Haut., 50 millim.

94 — Petit sucrier, muni de son couvercle. Décor polychrome. De forme arrondie, à bord évasé ; les deux pièces présentent des chrysanthèmes et des insectes. Le bouton du couvercle fait d'un fruit. Marque au cor de chasse en rouge.

Haut., 75 millim.

95 — Petite théière, à anse (sans couvercle), munie d'un déversoir à quatre pans. Décor polychrome, dit *à la gerbe*.

Haut., 60 millim.

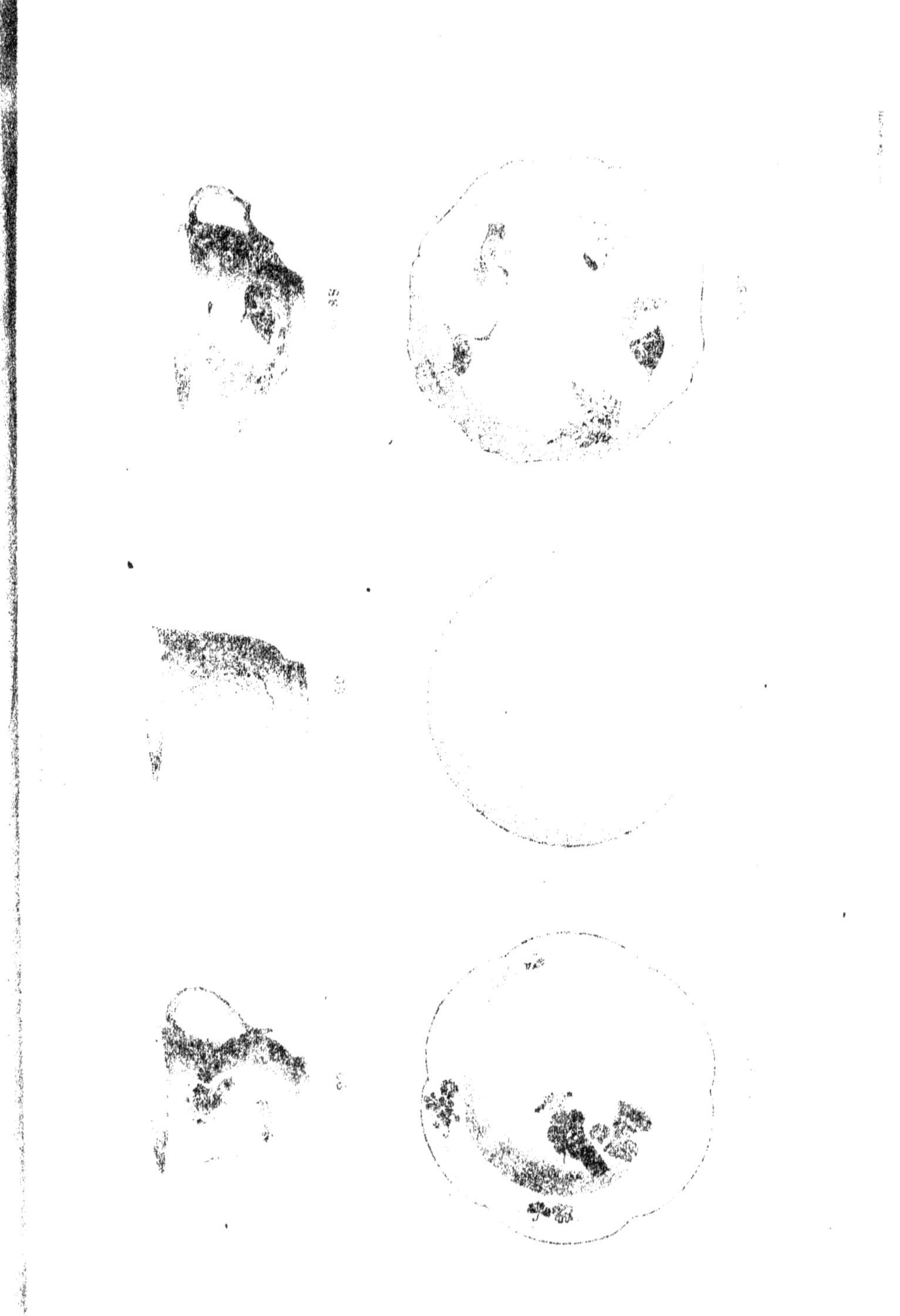

[illegible]

[illegible]

[illegible]

[illegible]

[illegible]

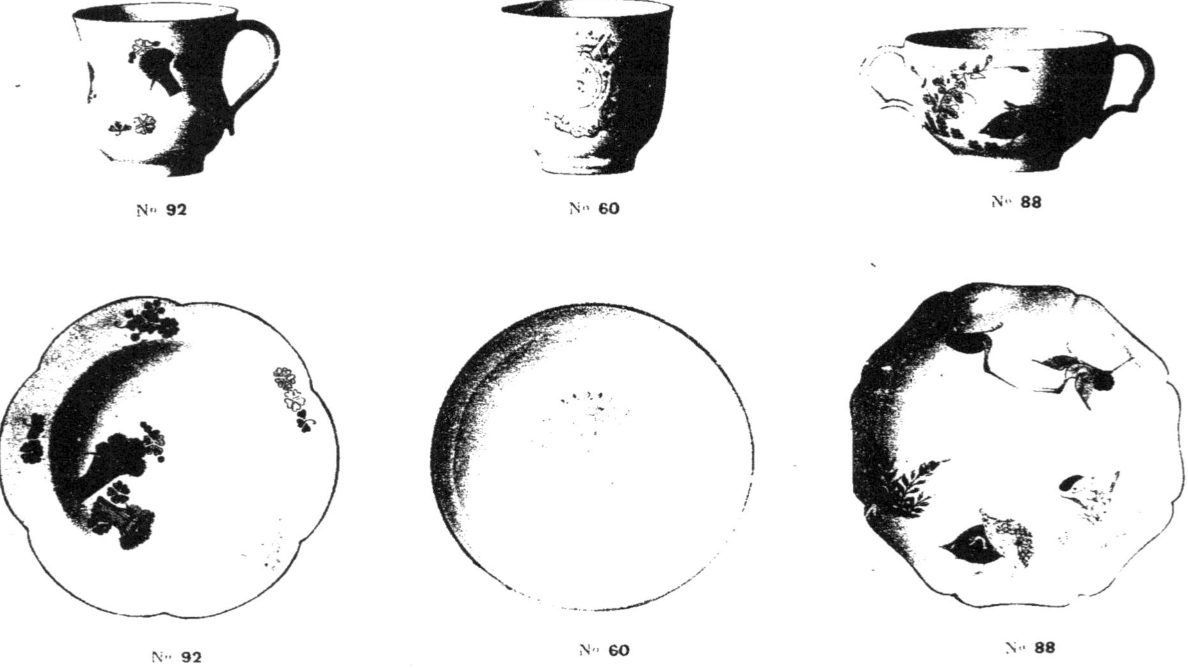

N° 92 N° 60 N° 88

N° 92 N° 60 N° 88

96 — Tasse, de forme légèrement arrondie, munie d'une anse, et sa soucoupe. Décor polychrome. Il consiste en branches de fleurs et feuillages, insectes, gros coléoptère. Filet brun au bord. Les deux pièces sont marquées au cor de chasse en rouge.

Haut., 75 millim.

97 — Tasse évasée en forme de fleurs et sa soucoupe, à bord festonné. Décor polychrome. Ces deux pièces sont entièrement godronnées et présentent chacune deux personnages chinois costumés en vert et rouge, debout ou assis à terre, et deux oiseaux voletant. Elles sont marquées au cor de chasse en rouge.

(Une théière du même décor (*très rare*) existe au musée Condé, à Chantilly).

Haut., 75 millim.

98 — Tasse, de forme légèrement arrondie, munie d'une anse à volutes feuillagées, et sa soucoupe. Décor polychrome. Sur chaque pièce, deux petites gerbes de roses, chrysanthèmes, volubilis et myosotis. Filet brun au bord. Les deux pièces sont marquées au cor de chasse en rouge.

Haut., 75 millim.

99 — Assiette, à bord festonné. Décor polychrome. Au centre du fond, tulipe, rose et jonquille. Au marli, trois tiges de fleurettes et un insecte. Filet rose au bord. Marque au cor de chasse et lettre *U* en rouge.

Diam., 240 millim.

100 — Assiette, à bord festonné, marli à pâte gaufrée simulant la vannerie. Décor polychrome. Dans le fond, trois petites gerbes de roses et fleurettes diverses. Sur l'arête de la chute, filet bleu, et, au bord du marli, filet ocre. Marque au cor de chasse et *Z* en rose.

Diam., 235 millim.

101 — ASSIETTE, à bord festonné. Décor polychrome de style coréen, dit *à la haie fleurie*. Le fond présente une haie avec tronc d'arbre et branchages fleuris. Au marli, un fong-hoang, trois tiges de fleurettes et insectes, disposés entre quatre motifs à godrons obliques couvrant la chute du marli. Filet brun au bord. Marque au cor de chasse en rouge. Émail stannifère.

Diam., 240 millim.

(Exposition au Musée des Arts décoratifs : Le Goût chinois en Europe au XVIIIe *siècle.)*

102 — ASSIETTE, à bord festonné. Marli gaufré simulant la vannerie. Décor polychrome. Au centre, gerbe de roses, de volubilis, d'hortensia et fleurs variées. Filet bleu à la chute, dentelure jaune au bord. Marque au cor de chasse et lettres *d* et *P* en jaune.

Diam., 240 millim.

103 — DEUX ASSIETTES CREUSES, à bord festonné. Marli gaufré à grosse vannerie simulée. Décor polychrome. Dans le fond, gerbe de roses, volubilis et fleurettes variées, deux tiges de fleurs et mouche, détachées. Filet rouge au bord. Marque au cor de chasse et lettre *D* en bleu, sur les deux pièces.

Diam., 230 millim.

104 — ASSIETTE, à bord festonné. Décor polychrome, présentant une gerbe et des tiges de fleurs ainsi qu'un papillon et une mouche. Marque au cor de chasse et lettre *F* en bleu. *D C* en creux.

Diam., 235 millim.

N° 107

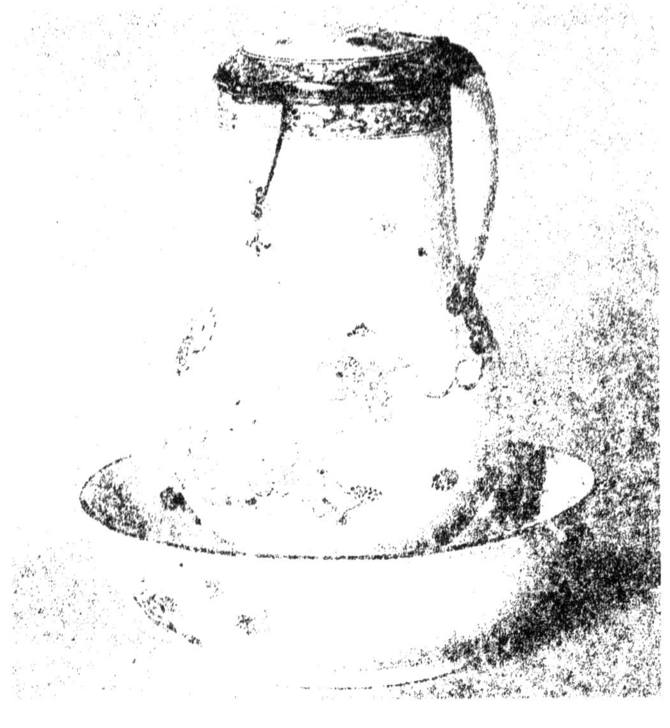

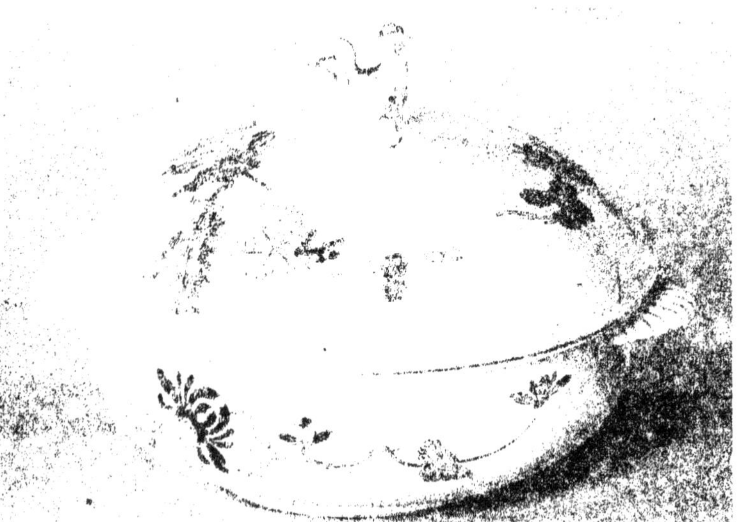

N° 137

[illegible]

[illegible]

[illegible]

[illegible]

[illegible]

[illegible]

N° 107

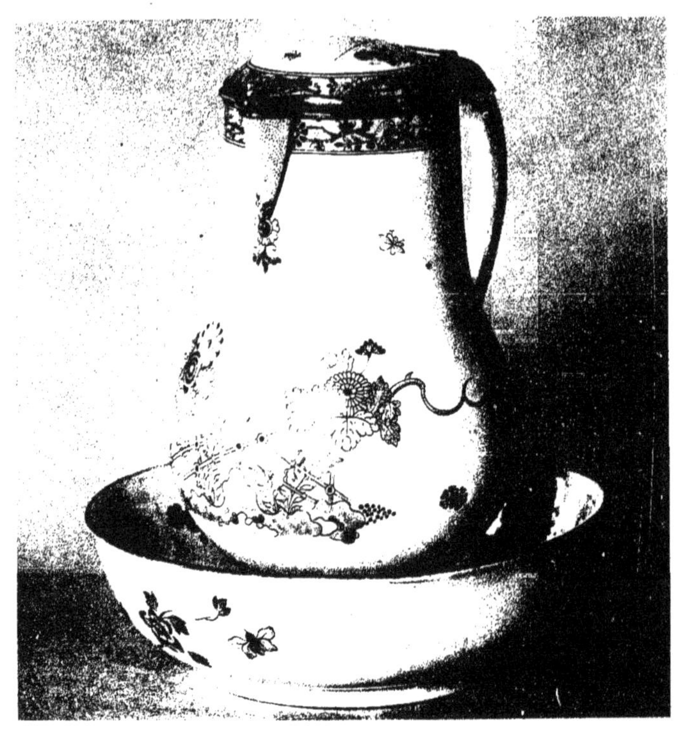

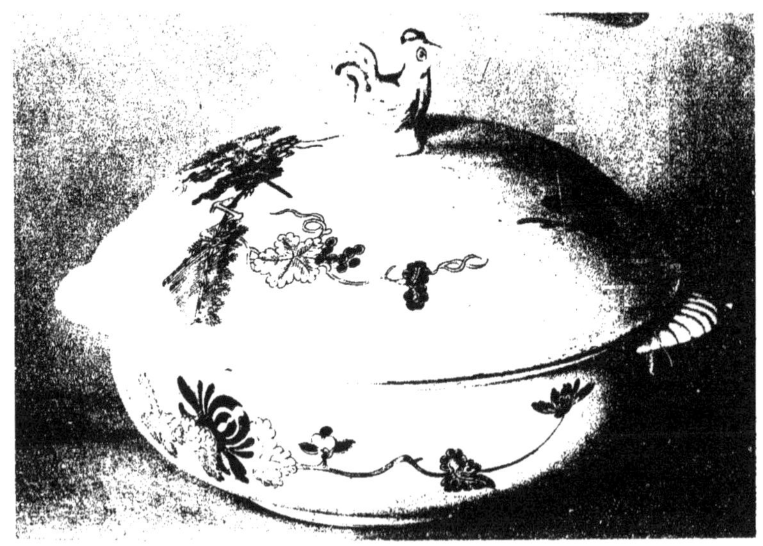

N° 137

105 — Petite assiette, à bord uni. Décor polychrome, dans le style coréen : rocher, branche de pivoine et fong-hoang. Filet brun au bord et cercle en creux. Marque au cor de chasse en rouge.

Diam., 195 millim.

106 — Assiette, à bord festonné. Au marli, petite bordure gaufrée simulant la vannerie : nervures obliques sur la chute et le marli. Décor polychrome, de style japonais : rochers, arbustes, fleurs et oiseaux. Marque au cor de chasse en rouge.

Diam., 230 millim.

107 — Aiguière, munie de son couvercle et d'une anse, accompagnée d'un bassin. Décor polychrome, de style japonais. L'aiguière offre une haie de bambou, un rocher, des branches de chrysanthèmes, des papillons et insectes; petite bordure à branchages fleuris, sur fond piqué. Le couvercle, à semis de fleurettes, est maintenu sur l'anse par une monture ancienne en argent. Le bassin, de forme circulaire, est orné sur le pourtour de deux touffes de jonquilles. A l'intérieur, branches de chrysanthèmes et semis de fleurettes. Le fond garni de quatre arrêts pour maintenir l'aiguière. Marque au cor de chasse en rouge.

Haut. de l'aiguière, 200 millim.
Diam. du bassin, 195 millim.

(*Exposition au Musée des Arts décoratifs : Le Goût chinois en Europe au* XVIIIe *siècle.*)

108 — Tasse a café, à anse, de forme légèrement arrondie, *du service de la Ménagerie*. Décor polychrome : gerbes de roses, tiges de fleurettes et mouche. Marque au cor de chasse et lettre *M* en bleu.

Haut., 65 millim.

109 — Flacon a thé, de forme cylindrique, épaulement arrondi, et petit col. Décor polychrome, de style chinois, représentant deux petits personnages et une femme, un groupe de rocher, pied de chrysanthème fleuri ; oiseaux et insectes. Petite monture et bouchon anciens en argent, surmonté d'un oiseau. Marque au cor de chasse en rouge.

Haut., 160 millim.

110 — Sucrier a poudre, avec son couvercle, sur présentoir adhérent, de forme ovale, à bord mouvementé. Décor polychrome, à petites gerbes de fleurs au naturel : roses, volubilis, etc., et insectes. Filet brun. Marque au cor de chasse et *D* en bleu, *Cabin* en creux.

Larg., 270 millim.

111 — Sucrier a poudre, avec son couvercle et son présentoir, de forme quadrilobée. Décor polychrome, de style coréen, présentant des branches de chrysanthèmes et de fleurs variées ; papillons et coléoptère. Le bouton du couvercle fait de trois fleurs de volubilis. Marque au cor de chasse en rouge.

Long., 240 millim.

112 — Écuelle a bouillon, à deux anses, et couvercle. Décor polychrome. Les anses sont formées de palmes réunies. Le bouton du couvercie fait d'un champignon. L'ornementation consiste en gerbes de fleurettes, roses, tulipes et insectes. Marque au cor de chasse et lettre *M* en bleu.

Haut., 100 millim.; diam., 160 millim.

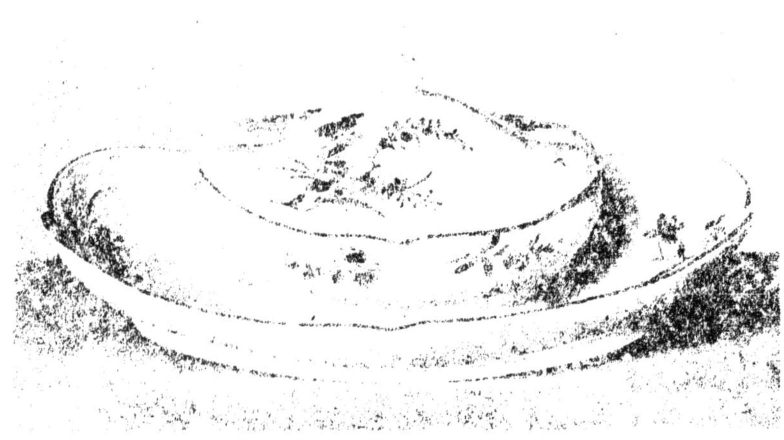

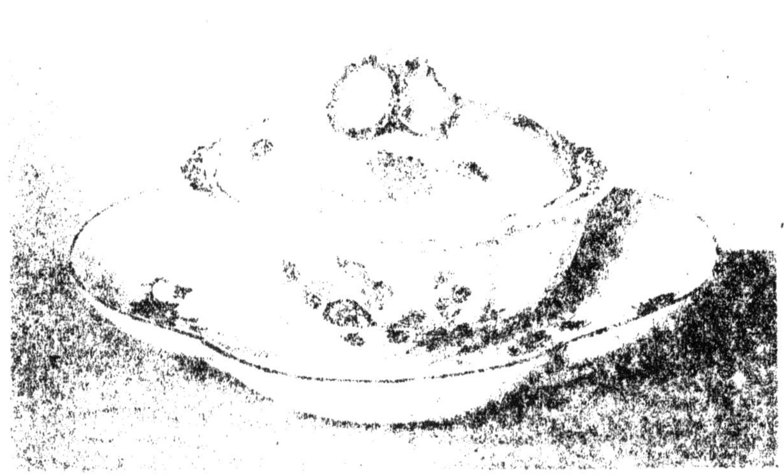

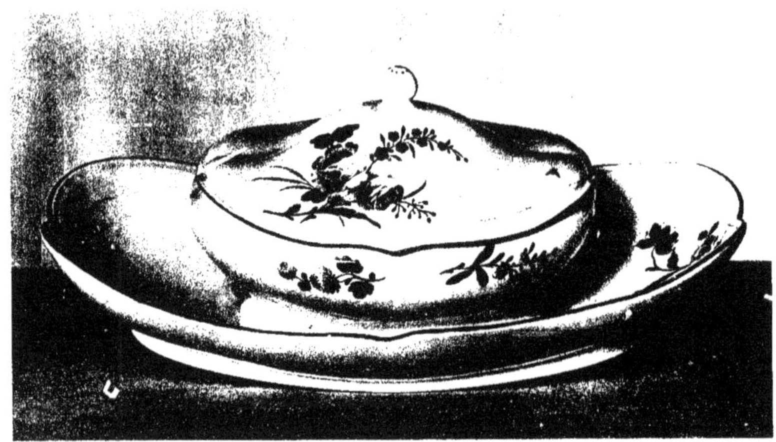

N° 110

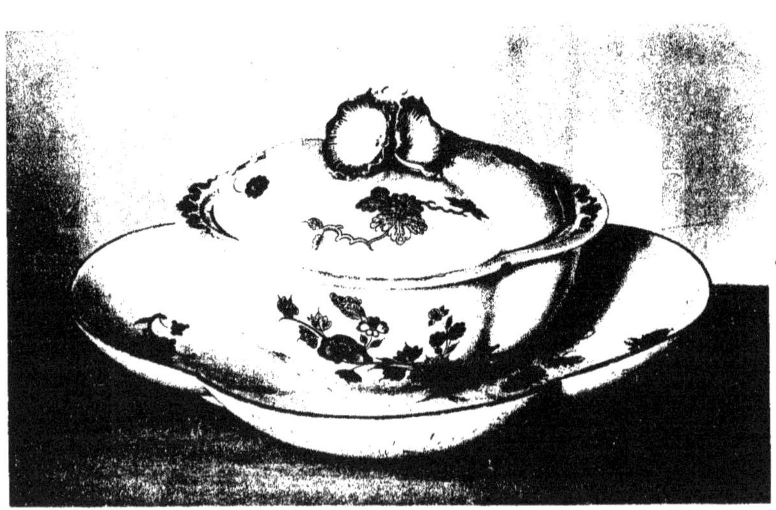

N° 111

113 — PETIT BASSIN D'AIGUIÈRE, forme ronde. Décor polychrome. Sur la partie extérieure, une barque montée par deux personnages chinois, sur un lac, avec trois touffes de nélumbos, roseaux et flore aquatique variée ; rocher, bambou et pagode. A l'intérieur, tige de chrysanthèmes et deux petits oiseaux. Bordures à hachures rouges dans le fond.

Haut., 50 millim.; diam., 155 millim.

114 — THÉIÈRE, avec son couvercle, de forme ovoïde, simulant un fruit à grosses côtes et munie d'une anse. Décor polychrome, dit *à la haie fleurie*, et présentant également un fong-hoang. Marque au cor de chasse, en rouge.

Haut., 120 millim.

(*Exposition au Musée des Arts décoratifs : Le Goût chinois en Europe au* XVIIIe *siècle.*)

115 — PETIT POT DE TOILETTE CYLINDRIQUE. Décor polychrome: Deux personnages chinois debout, l'un tenant un livre auprès d'un vase garni de branches fleuries et d'un bol ; fleurettes détachées et oiseaux. Petite bordure à branches de fleurs sur fond vert piqué. Marque au cor de chasse en rouge.

Haut., 67 millim.

116 — PETIT POT DE TOILETTE CYLINDRIQUE, avec son couvercle. Décor polychrome. Le pot et le couvercle offrent chacun un petit personnage chinois dans une barque, sur un lac, avec touffes de fleurs de nélumbos et roseaux. Le pot présente, en outre, un rocher avec arbuste, une pagode et des insectes. Petite bordure à bâtons rompus rouges. Marque au cor de chasse en rouge et *I. G* en creux.

Haut., 80 millim.

117 — Présentoir ovale et quadrilobé. Décor polychrome, dit *à la jonquille*. Dans chaque lobe, une gerbe de fleurettes. Filet brun au bord. Marque au cor de chasse en rouge.

Long., 240 millim.

118 — Petite théière couverte, de forme ovoïde, à côtes, munie d'une anse, et d'un déversoir à quatre pans. Décor polychrome, offrant deux groupes d'écureuils et haies fleuries, avec semis de branchages et insectes voletant.

Haut., 105 millim.

119 — Douze assiettes, à bord festonné, marli à pâte gaufrée simulant la vannerie. Décor polychrome, *du service de la Ménagerie*. Le fond de chaque pièce est orné d'une gerbe de roses et de myosotis, de tiges de fleurettes détachées et d'une mouche. Filet brun au bord. Marque au cor de chasse et lettre *R* en bleu.

Diam., 24 cent.

120 — Six couteaux, à manches, décor polychrome, dit *à la plume de perdrix*. Lames en acier.

Long. du manche, 95 millim.
Écrin en maroquin aux armes des Condé.

121 — Couteau ; manche à huit pans. Décor polychrome, de style japonais, offrant des petits personnages, pagode, vases et fleurs. Lame en acier.

Long. du manche, 90 millim.

122 — Six petits couteaux, les manches à décor polychrome et dorure, présentant des compartiments, à figures de Gilles, et arabesques ; bouterolles ornées de coquilles. Lames en argent.

Long. du manche, 80 millim.

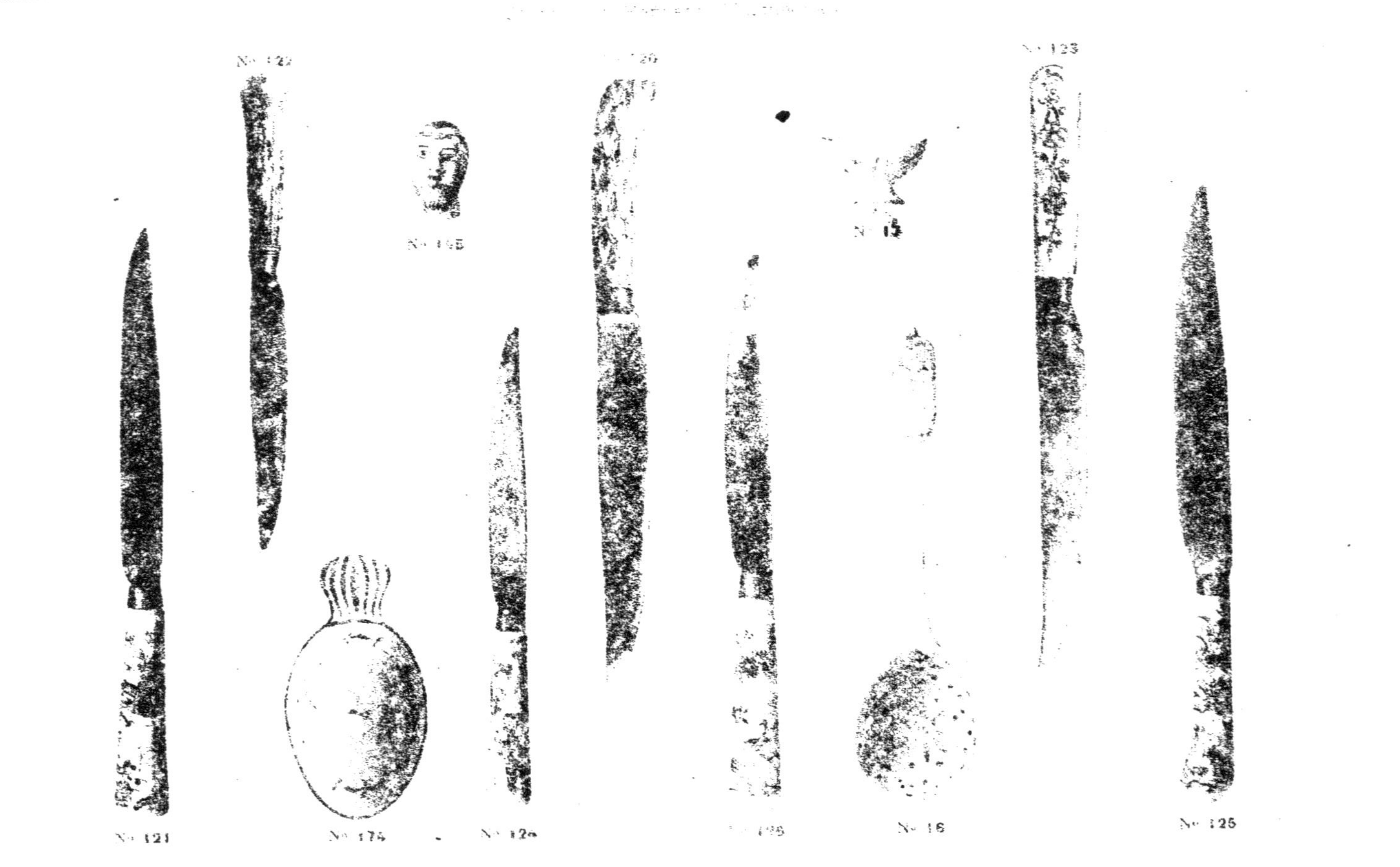
N° 121
N° 174
N° 16
N° 125
N° 123
HÉLIO LÉON MAROTTE

COLLECTION FRÉDÉRIC HALINBOURG

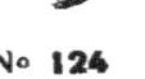

N° 122

N° 145

N° 120

N° 17

N° 123

N° 121

N° 174

N° 124

N° 126

N° 16

N° 125

HÉLIO LÉON MAROTTE

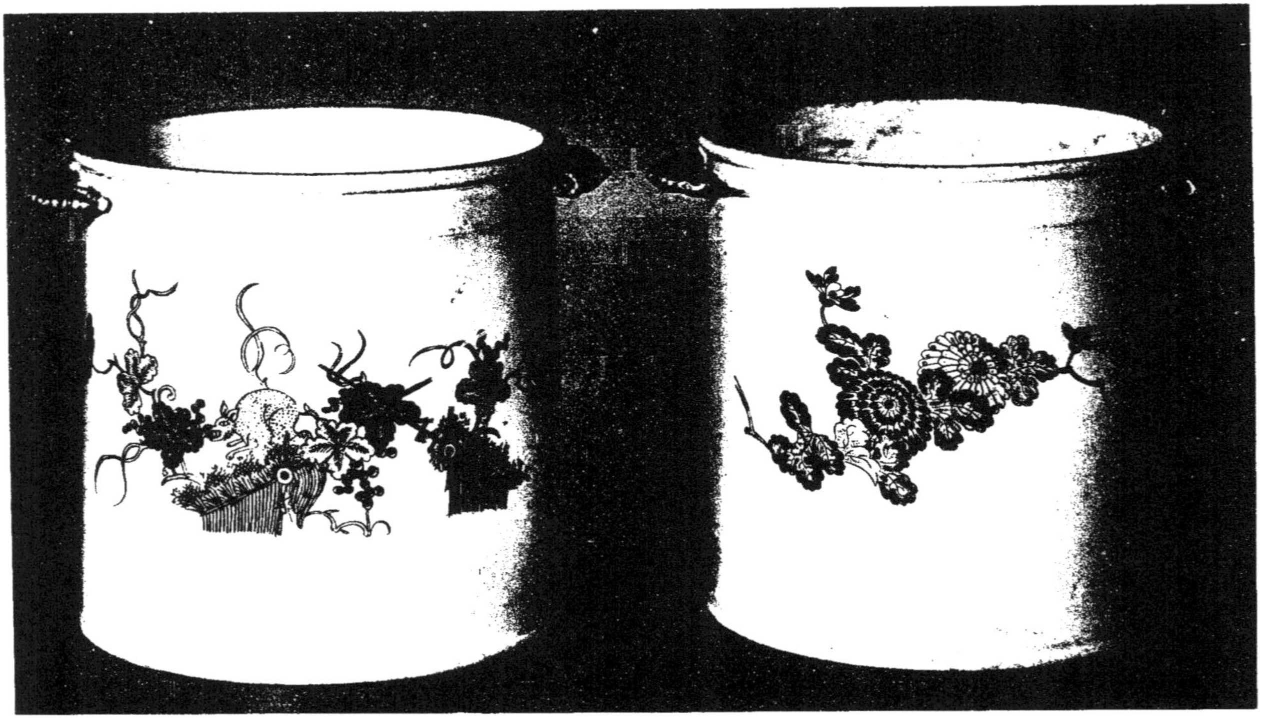

N° 127 N° 127

123 — Deux couteaux ; manches à quatre faces. Décor polychrome : tiges de fleurs et feuillages en relief. Lames en acier.

Long. d'un manche, 92 millim.

124 — Petit couteau, manche à pans. Décor polychrome : personnage japonais, feuillages et fleurs. Lame en acier.

Long. du manche, 75 millim.

125 — Couteau avec manche, décor polychrome, présentant trois petits personnages chinois dans un paysage, avec pagode, rocher, arbuste fleuri et oiseaux. Lame en acier.

Long. du manche, 90 millim.

126 — Couteau, manche à décor polychrome : rocher, gros oiseau, branches de chrysanthèmes fleuris. Lame en acier.

Long., 90 millim.

127 — Deux cache-pots ou jardinières, de forme cylindrique, bord en léger ressaut. Ils sont munis chacun de deux petites anses faites de dragons modelés en relief. Décor polychrome, dit *à l'écureuil et à la haie fleurie*, ainsi que d'une branche de chrysanthème et de deux fleurs. Marques au cor de chasse en rouge.

Haut., 150 millim.
Diam. à la base, 175 millim.

128 — Brule-parfum, en forme de grenade, sur terrasse. Décor polychrome au naturel. Le fruit est posé sur une terrasse à rocaille. La queue courbée et feuillagée forme l'anse. Le couvercle, simulant les graines du fruit, est percé de trous. Le bouton fait d'une fleur et d'une feuille.

Haut., 120 millim ; larg., 170 millim.

129 — Statuette de Mongol accroupi sur une terrasse. Décor polychrome. Il est vêtu d'un manteau ouvert, il retient de ses deux mains, par une cordelière à glands, un sac qu'il porte sur l'épaule gauche.

Haut., 90 millim.

130 — Drageoir, avec couvercle, à monture en argent. Décor polychrome. Il est formé d'une figurine de berger au repos sur un tertre, adossé contre son chien couché, son chapeau auprès de lui. Le couvercle est décoré, à l'extérieur, de tiges de fleurs gaufrées en relief; à l'intérieur, de gerbes de fleurs. Marque au cor de chasse en rouge.

Haut., 60 millim.; larg., 83 millim.

131 — Figurine d'homme grotesque. Décor polychrome. Il est debout sur une terrasse, vêtu d'une petite veste à basques découpées, serrée à la taille par une ceinture. Une draperie partant de l'épaule gauche est passée sous son bras droit. Coiffé d'un chapeau de feutre souple à large bord. Le costume est agrémenté d'un semis de fleurettes et d'étoiles.

Haut., 150 millim.

(*Collection Fitz Henry.*)

132 — Vase sur pied, à feuillages. Décor polychrome. Le récipient, de forme arrondie, à pâte gaufrée, émaillée blanc, simulant des feuilles, repose sur un pied fait de sept larges feuilles ajourées et découpées. Il est agrémenté d'une couronne de volubilis et, au pourtour de la panse du vase, trois branchages fleuris, en relief. Marque au cor de chasse en rouge.

Haut., 150 millim.; larg., 110 millim.

(*Collection Fitz Henry. N° 52.*)

133 — Pot a crème, à une anse et son couvercle. Décor polychrome, dit *au bleuet*. Sur la panse et sur le couvercle, semis de fleurettes. Ce dernier est surmonté d'une fleur en bouton et de feuillages. Marque au cor de chasse en rouge.

Haut., 85 millim.

134 — Drageoir fait d'une figurine de Bouddha accroupi, muni d'un couvercle à monture moulurée en argent. Décor polychrome : petits personnages, pagodes et touffes de fleurs.

Haut., 65 millim.

(*Exposition au Musée des Arts décoratifs : Le Goût chinois en Europe au* XVIIIe *siècle.*)

135 — Petite coupe, avec son couvercle, à bord polylobé, en forme de fruit. Décor polychrome. Sur le couvercle et sous la coupe, branchages fleuris, en relief; à l'intérieur de la coupe, tiges de fleurs et deux oiseaux voletant.

Haut., 85 millim.; long., 120 millim.

(*Collection Fitz Henry. N° 7.*)

136 — Drageoir, de forme mouvementée, à petits lobes, muni d'un couvercle à monture moulurée en argent. Décor polychrome, dans le goût chinois. Il offre des petits personnages et pagodes dans des paysages. Touffes de fleurs et insectes au pourtour. A l'intérieur du couvercle, deux personnages et touffes fleuries.

Long., 80 millim.

137 — Coquetière, avec son couvercle. Décor polychrome. Elle est de forme circulaire, munie de deux petites anses coquilles. Le bouton du couvercle fait d'une poule debout. Elle offre, sur le pourtour, un écureuil, une haie fleurie et une branche de chrysanthème. A l'intérieur dans le fond, deux fong-hoangs. Le décor se répète sur le couvercle. Marque au cor de chasse en rouge.

Haut., 150 millim.

Grand diam. anses comprises, 250 millim.

138 — Petit vase brule-parfum, à couvercle simulé adhérent, sur terrasse à tronc d'arbre et branchages fleuris. Décor polychrome au naturel. Le vase est émaillé blanc. Marque au cor de chasse en rouge.

Haut., 115 millim.; larg., 130 millim.

139 — Autre vase brule-parfum analogue au précédent. Décor polychrome. Le vase est décoré d'un oiseau. Marque au cor de chasse en rouge.

Haut., 115 millim.; larg., 150 millim.

140 — Bourdaloue, en forme de coquillage, à volutes, muni d'une anse faite de branchages. Décor polychrome, dit *à la jonquille*, composé de quatre touffes ou tiges de fleurettes feuillagées. Marque au cor de chasse en rouge.

Long., 190 millim.

141 — Théière couverte, en forme de grenade à côtes, munie d'une anse. Décor polychrome dit *à la grenade*. Il offre deux groupes comprenant chacun deux de ces

N° 143

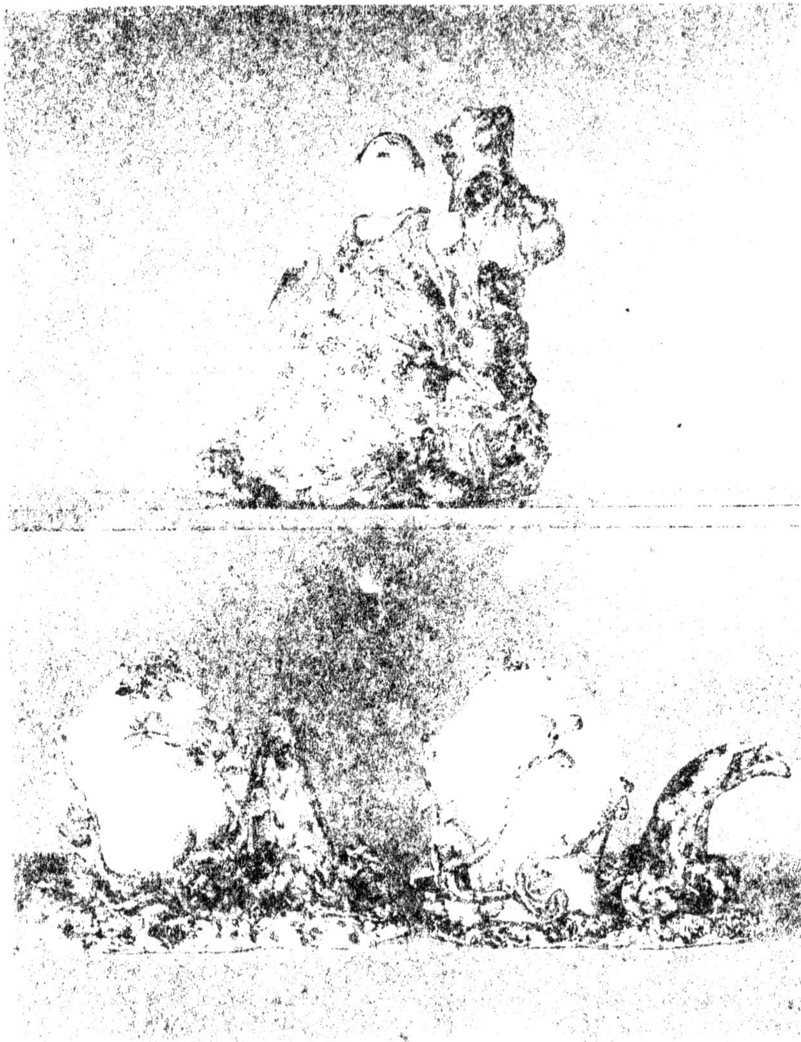

N° 135

N° 13[illegible]

N° 143

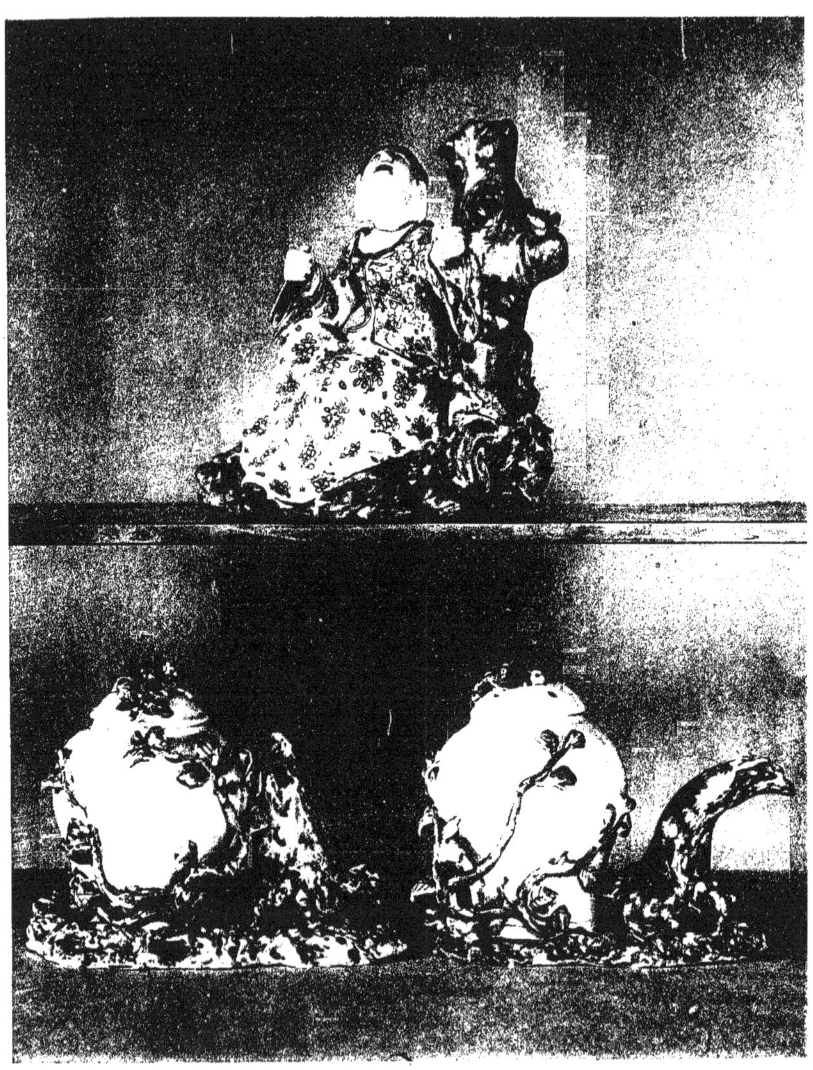

N° 139 N° 138

N° 128

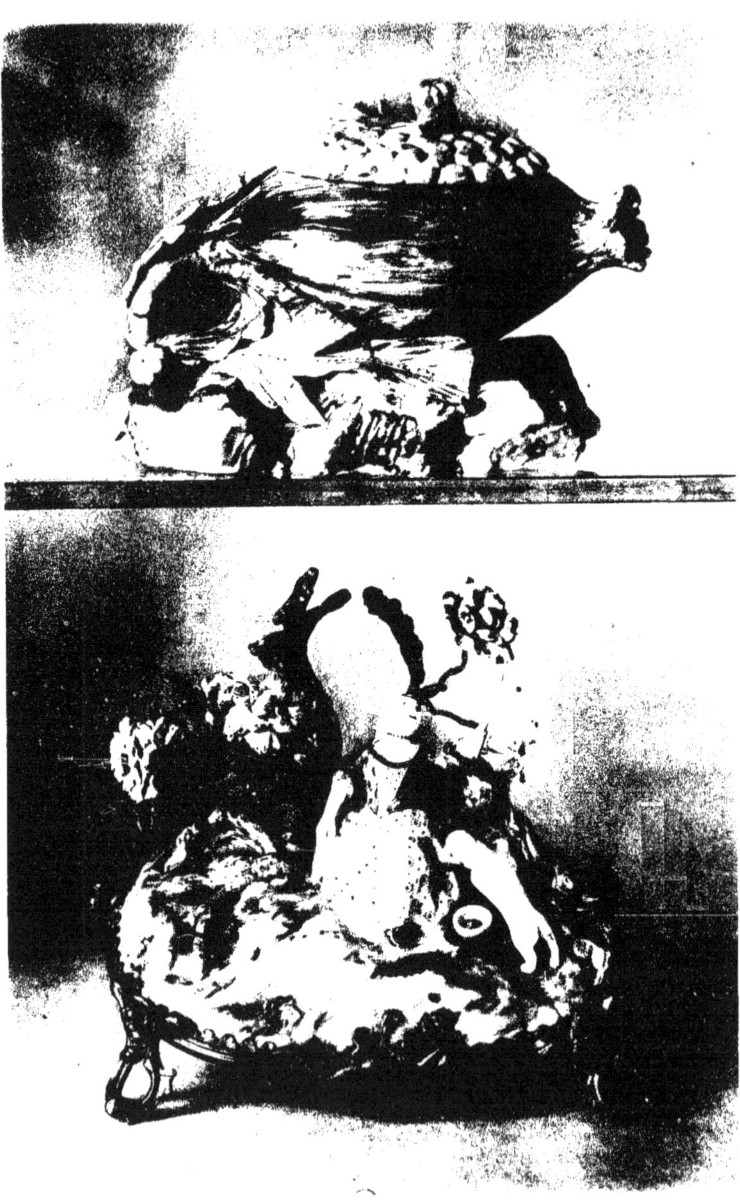

N° 142

fruits avec leurs feuilles. Sous le bec, deux feuilles et fleurs de paulownia. Sur l'anse, une tige de feuillage partant d'une touffe de plantes aquatiques. Le bouton du couvercle fait d'un petit lapin accroupi, décoré en manganèse. Marque au cor de chasse en rouge.

Haut., 100 millim.; long. 165 millim.

142 — Groupe de fileuse et son chien, sur terrasse. Monture en bronze. Époque Louis XV. Décor polychrome. La jeune femme est assise sur une large terrasse verte et bleue, auprès d'un tronc d'arbre, et tient une quenouille dans chaque main. Elle est vêtue d'un corsage jaune et d'une jupe à bavette, son chien près d'elle. A terre, une jatte jaune contenant la pâtée du chien. Un arbuste en métal découpé et peint, agrémenté de fleurettes de même porcelaine que le groupe, s'échappe de la terrasse. Monture en bronze à quatre pieds rocailles, avec lézard, sur la bordure. Estampillée du *C* couronné.

Haut. totale, 135 millim.; larg., 190 millim.

143 — Figurine de femme chinoise assise sur un tertre, auprès d'un tronc d'arbre. Décor polychrome. Elle est vêtue d'un corsage décolleté et d'une jupe à semis de fleurettes, bordée de jaune.

Haut., 152 millim.

144 — Bonbonnière, de forme ovale, faite d'un mouton couché. Couvercle à charnière, monture en argent. Décor polychrome. Le corps du mouton est décoré au naturel. Le couvercle présente à l'extérieur et à l'intérieur des paysages avec pagodes, personnages, rochers, arbustes et fleurs.

Grand diam., 60 millim.

145 — Béquille de canne, ayant la forme d'une tête de fou barbu, la tête enveloppée d'une coiffe. Décor polychrome.

Haut., 40 millim.

146 — Coquetier, à bord festonné, sur pied élevé. Décor polychrome. Le culot du récipient est godronné et supporté par un faisceau de quatre palmes. Il est orné de tiges de myosotis, de volubilis et d'insectes au naturel. Marque au cor de chasse et la lettre *F* en bleu.

Haut., 90 millim.

147 — Cache-pot-jardinière, rebord à bourrelet, et base arrondie, muni de deux anses simulant des salamandres. Décor polychrome, de style chinois, représentant deux groupes : l'un, à trois personnages, mandarins et jeune femme ; l'autre, un dignitaire assis, portant une coupe à ses lèvres, près de lui un enfant et deux serviteurs. Petite bordure de branches fleuries, sur fond piqué. Marque au cor de chasse en rouge.

Diam., 210 millim.; haut., 160 millim.

148 — Deux grands pots de toilette cylindriques, couverts, à base légèrement arrondie. Décor polychrome de style chinois. Le pourtour des pots présente trois enfants dans des attitudes diverses, des accessoires, rocher, pagodes, arbustes, feuilles de paulownia, oiseaux et papillons. Sur les couvercles, quatre petits personnages et deux papillons ; ils sont surmontés de fruits en argent formant bouton. Marque au cor de chasse en rouge.

Haut., 170 millim.

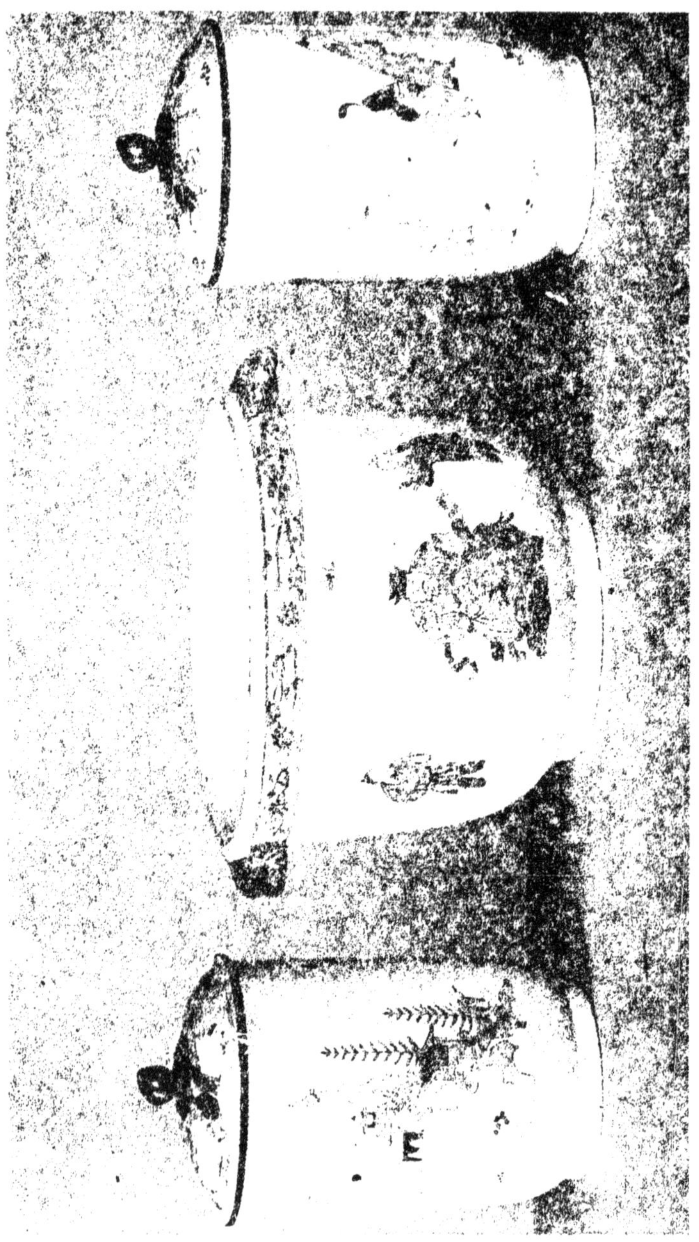

[illegible]

[illegible]

[illegible]

[illegible] en papillon. Sur les [illegible] quatre petits [illegible] pattes [illegible] sont ornementés de [illegible] [illegible] [illegible] au [illegible]

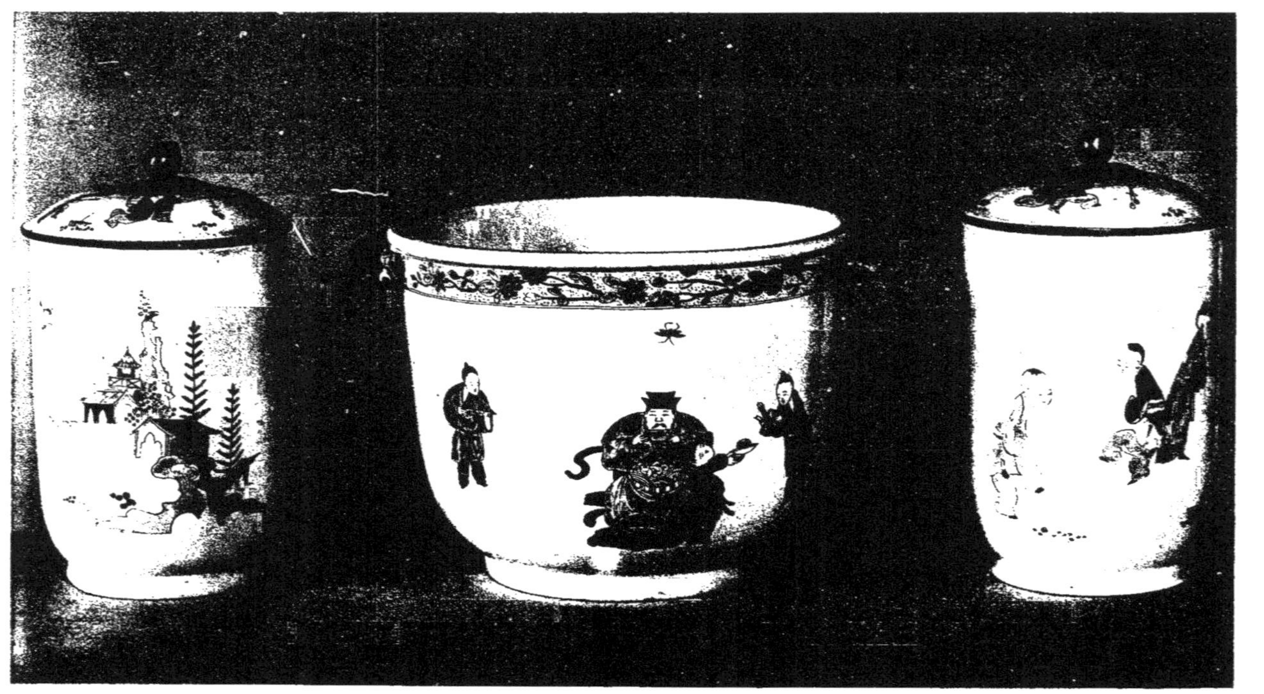

N° 148 — N° 147 — N° 148

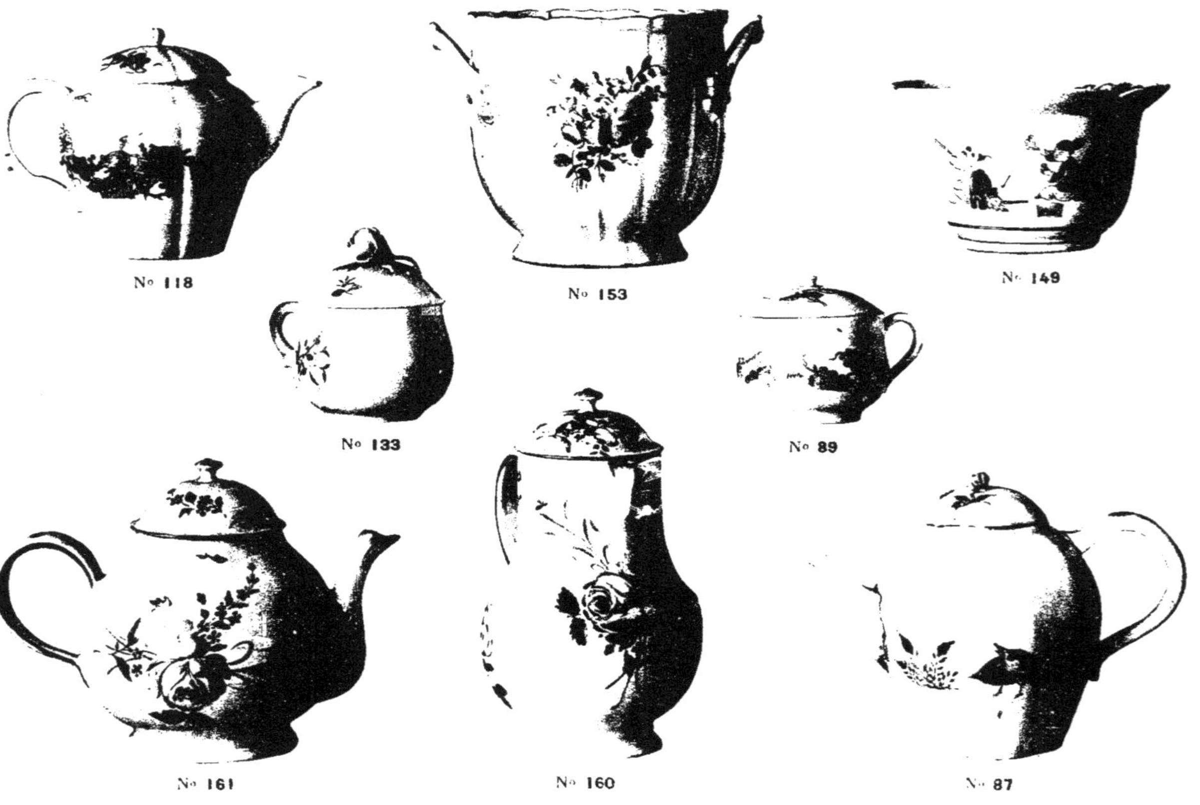

N° 118 — N° 153 — N° 149

N° 133 — N° 89

N° 161 — N° 160 — N° 87

149 — Petit cache-pot-jardinière. Décor polychrome. Bord à collerette légèrement relevée et évasée, à six lobes, et base un peu arrondie. Il présente sur le pourtour quatre enfants chinois dans diverses attitudes, ainsi que des branches feuillagées et des fleurettes. Sur le bord, trois chrysanthèmes et des rinceaux stylisés. A la base, deux cercles rouges. Marque au cor de chasse en rouge.

Haut., 79 millim.; diam., 130 millim.

150 — Sucrier couvert et son présentoir. Décor polychrome, dit *à la rose*. De forme ovale quadrilobée, les trois pièces offrent chacune deux gerbes de roses et quelques fleurettes détachées. L'anse du couvercle est faite de deux tiges de palmier enrubannées. Marque au cor de chasse et lettre *E* en bleu.

Haut. totale, 120 millim.
Long. du présentoir, 240 millim.

151 — Deux petits pots de pharmacie, de forme ovoïde, à bases cul-de-poule, sur pied à gorge. Ils sont munis de leur couvercle. Décor polychrome. Sur la panse de l'un, on lit l'inscription : *Huile de Muscade*, sur l'autre : *Onguent supuratif*, dans un entourage de branches de laurier cerise et de feuilles de palmiers, réunis à la base par un nœud de ruban et formant médaillon. Sur les couvercles, tiges de fleurettes. Les deux pièces sont marquées au cor de chasse en rouge.

Haut., 150 millim.

(*Collection Gruyer, ancien conservateur du Musée Condé, à Chantilly.*)

152 — Grande soupière, à deux anses, avec son couvercle. Décor polychrome, dit *à la perdrix*. De forme circulaire, les deux anses sont faites de têtes de chiens, à gueules ouvertes, modelées en relief. Le pourtour présente des couples de perdrix, des pieds de chrysanthèmes fleuris, ainsi qu'une bordure à six médaillons ovales lobés contenant chacun deux perdrix, réservés sur fond caillouté vert d'eau, semé de fleurettes. Cette bordure se répète sur le couvercle qui est en outre agrémentée de branchages fleuris, d'une sauterelle, et muni d'une pomme simulée formant bouton. Marque au cor de chasse en rouge.

Haut., 21 cent.; diam., 31 cent.

(*Exposition au Musée des Arts décoratifs : Le Goût chinois en Europe au* XVIIIe *siècle. N° 500. Reproduite dans le catalogue illustré.*)

153 — Petit cache-pot, à bord festonné, à petit ressaut ; la base légèrement arrondie et pied à gorge. Il est côtelé à nervures, muni de deux anses palmettes et rocailles. Le décor polychrome présente deux bouquets de fleurs, des volubilis et fleurettes. Marque au cor de chasse en rouge. Lettre *D* en bleu.

Haut., 120 millim.

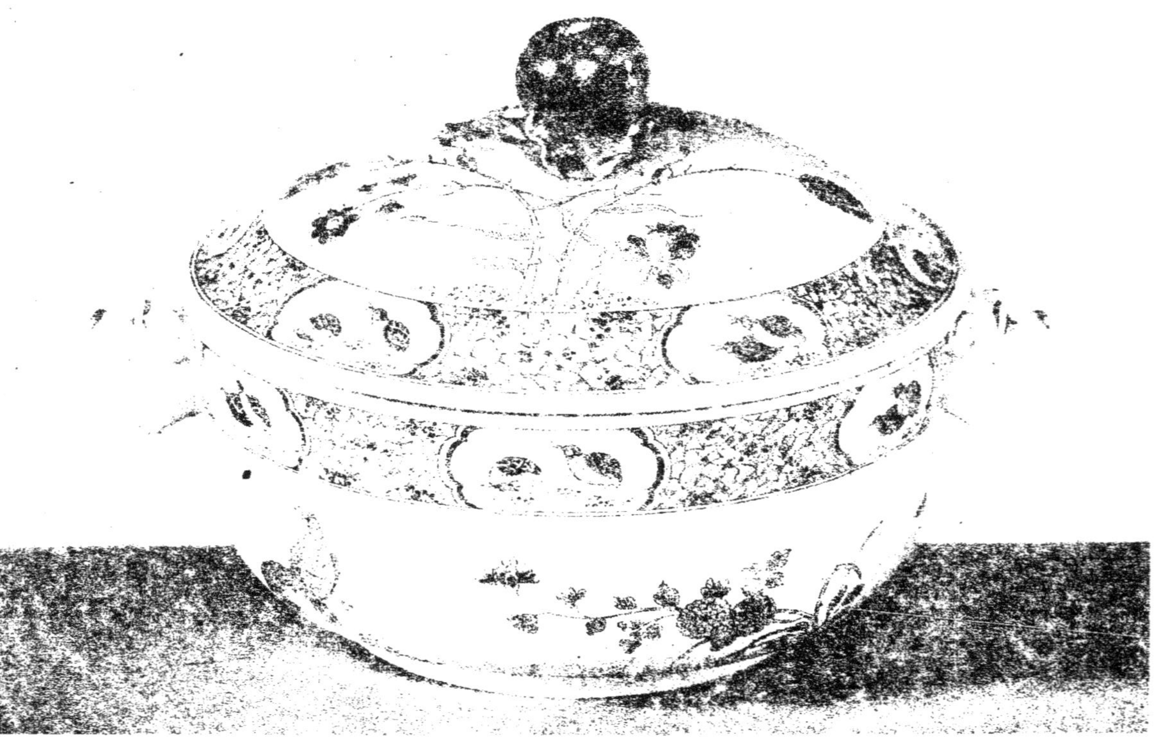

152

[illegible]

[illegible]

[illegible]

[illegible]

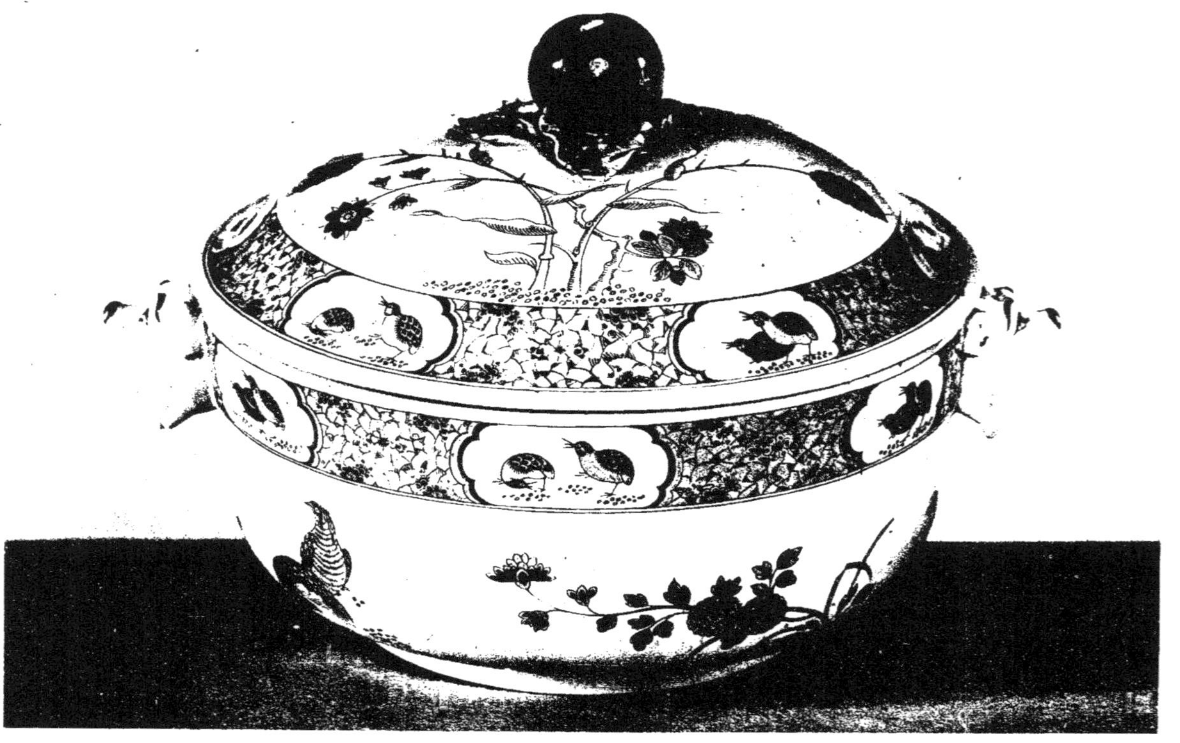

N° 152

Hélio Léon Marotte

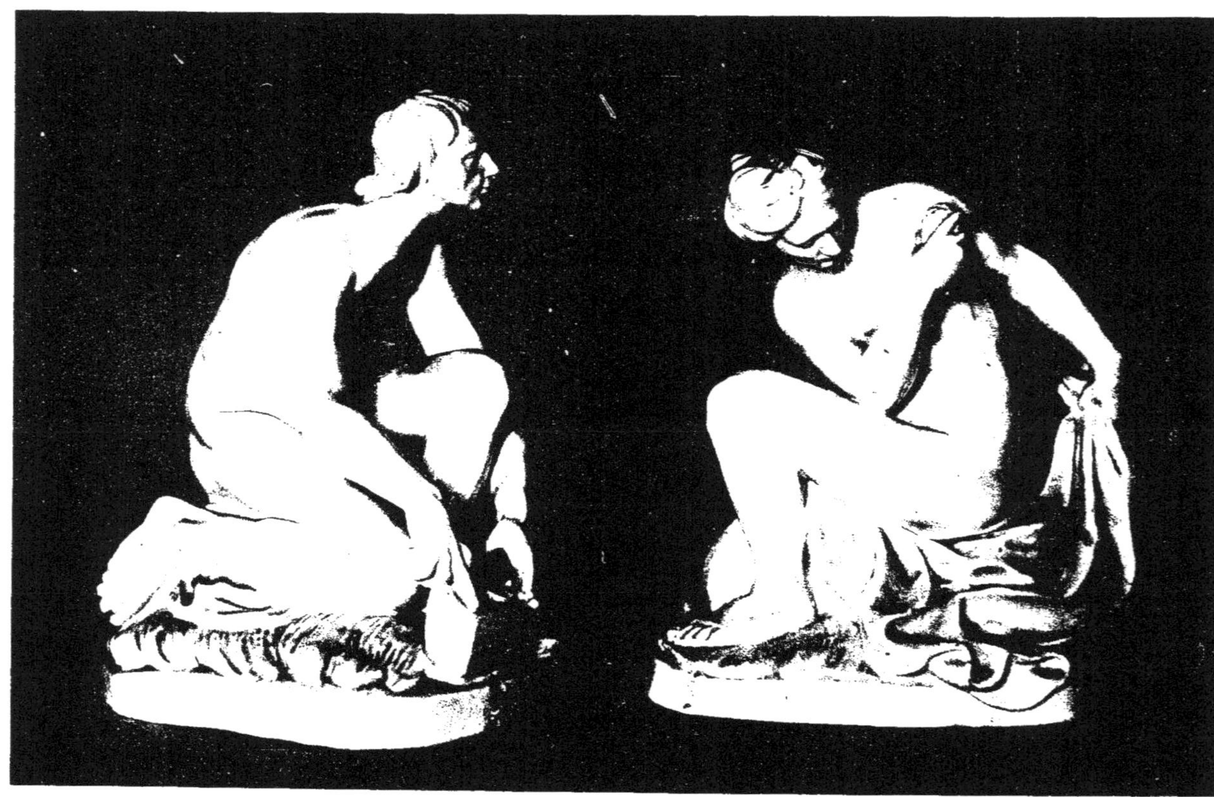

N° 154

N° 154

ANCIENNES PORCELAINES

TENDRES

DE CHANTILLY

ÉMAILLÉES BLANC

154 — Deux statuettes d'après l'antique : *Le Rémouleur* et la *Vénus accroupie*, émaillées blanc.

Haut. du Rémouleur : 220 millim.

Haut. de la Vénus : 205 millim.

155 — Deux statuettes de jeune paysanne et homme à la hotte. Porcelaine émaillée blanc. La jeune femme est représentée debout, le buste légèrement incliné en avant, vêtue d'un corsage décolleté ; la jupe recouverte devant par un tablier. Le bras gauche replié derrière le dos, la main passée sous la hotte. Elle est coiffée d'un bonnet à bord festonné. L'homme costumé en oriental porte également une hotte sur le dos, les deux mains croisées dans les manches de sa lévite. Sur la tête, une toque bordée de fourrure. Le tablier de la femme est marqué, sous le coin gauche, d'un cachet avec la lettre *C* en relief. (*Très rare.*)

Haut. de la femme : 280 millim.

Haut. de l'homme : 290 millim.

156 — Deux statuettes en porcelaine blanche, représentant l'une un jeune garçon, l'autre une fillette. Ils sont assis tous deux sur un tertre et tiennent des deux mains un cartouche. Sous le cartouche de la fillette, marque au cor de chasse en creux. (*Très rare.*)

Haut., 190 millim.

(*Exposition Nationale de Céramiques, 1897. Section rétrospective. N° 436.*)
(*Collection de M. le Comte X. de Chavagnac. N° 135.*)

157 — Bonbonnière ovale, faite d'un cerf couché; couvercle à charnière. Monture en argent. Porcelaine émaillée blanc.

Long., 65 millim.

N° 156 N° 158

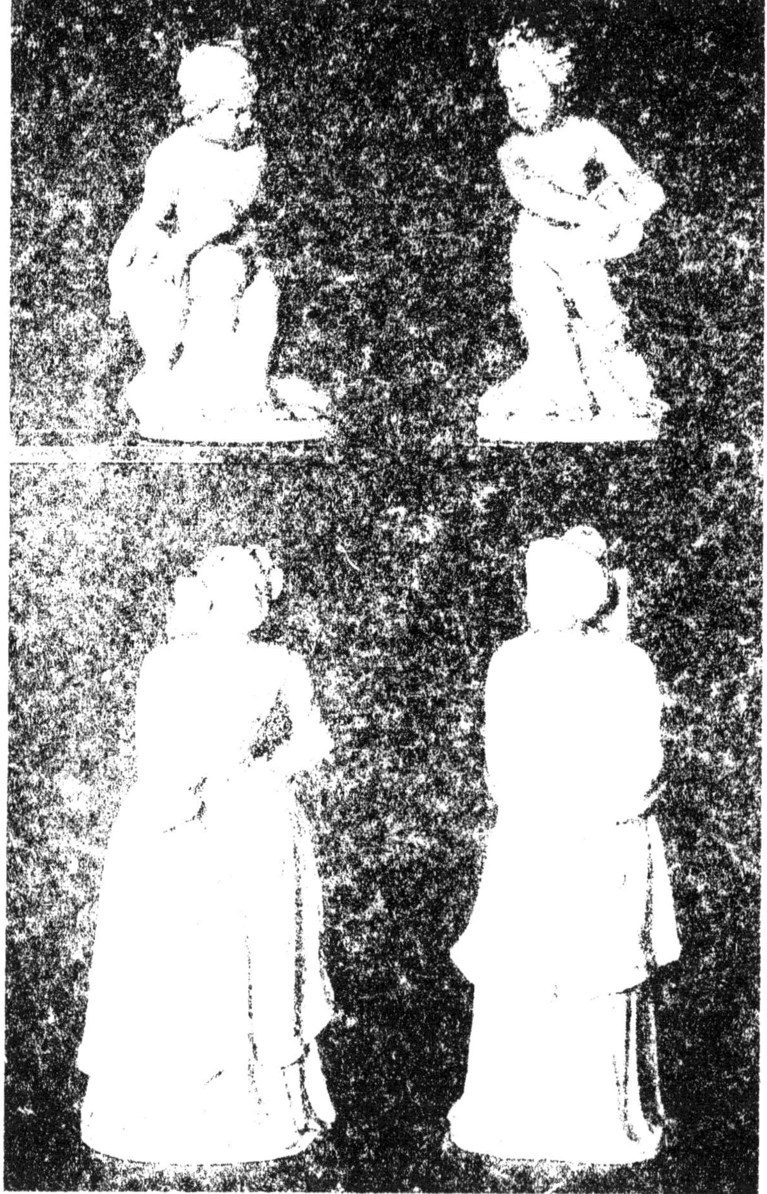

N° 158 N° 155

N° 156 N° 156

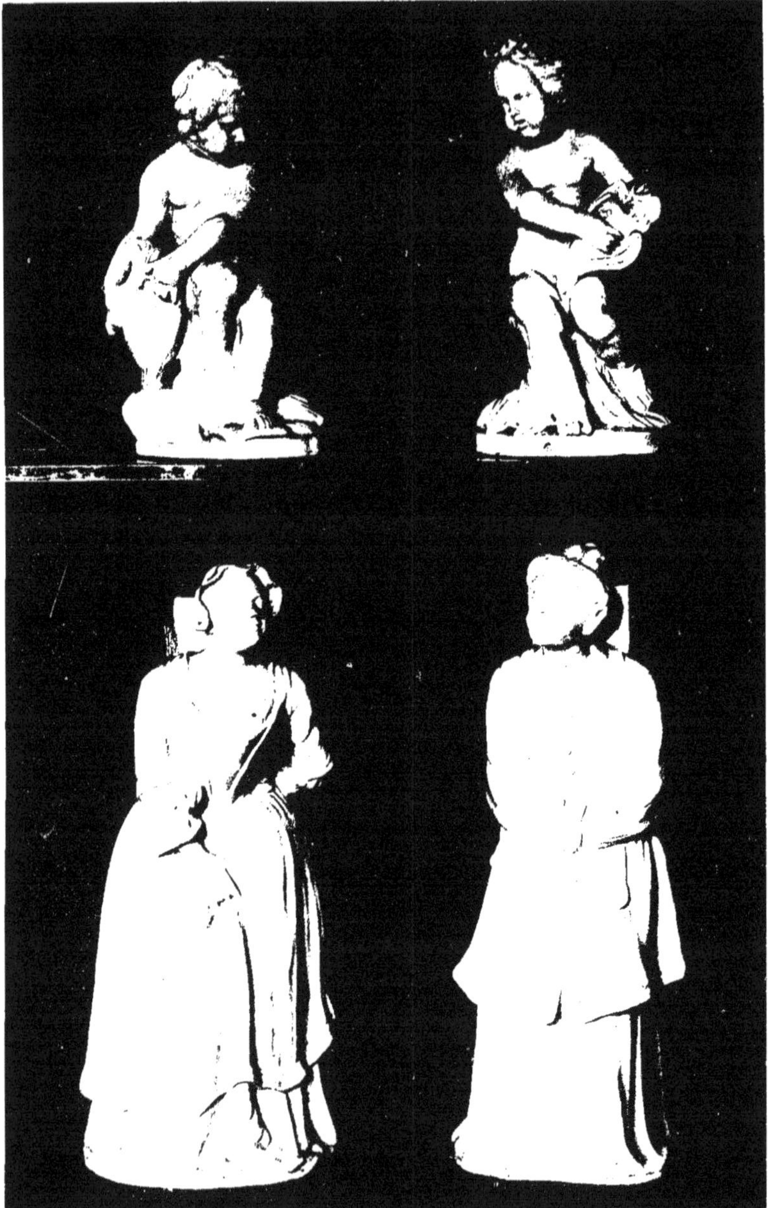

N° 155 N° 155

ANCIENNES FAIENCES
ET PORCELAINE DURE
DE CHANTILLY

158 — Pot a crème, avec son couvercle et une anse. Décor bleu, dit *à l'épi ou à la brindille*. Marque au cor de chasse en bleu. Ancienne faïence.

Haut., 75 millim.

159 — Sucrier cylindrique, sans couvercle. Décor polychrome, *du service de la ménagerie*. Gerbes de roses, d'épis, fleurettes, branche de chèvrefeuille et insectes. Filet jaune au bord. Ancienne faïence.

Haut., 75 millim.

160 — Verseuse, avec son couvercle et une anse. Décor polychrome, *du service de la ménagerie*. Roses, épis, fleurettes, chèvrefeuille, filet jaune au bord. Ancienne faïence.

Haut., 170 millim.

161 — Théière, de forme arrondie. Décor polychrome, *du service de la ménagerie*. Il consiste en gerbes de roses, d'épis et de fleurettes; mouches posées; filet jaune. Ancienne faïence.

Haut., 135 millim.

162 — SOUCOUPE en ancienne *pâte dure*. Décor polychrome avec rehauts de dorure. Dans le fond, papillon et petits feuillages. Bordure à cordon de petites feuilles. Marque au cor de chasse et *P* en bleu. (*Pigory*.)

Diam., 120 millim.

PORCELAINES ET FAIENCES

ANCIENNES

FABRIQUES DIVERSES

163 — **Angleterre (?)**. (Peut-être Chantilly.) Assiette, à bord festonné. Décor en camaïeu bleu, dit *à l'épi ou à la brindille. U* en creux.

Diam., 250 millim.

164 — **Caughley**. Cache-pot-jardinière cylindrique, à base légèrement arrondie, petit pied à gorge et moulure, muni de deux petites anses coquilles, en ancienne porcelaine tendre. Décor en camaïeu bleu, dit *à l'épi ou à la brindille*. Marque *S* en bleu.

Haut., 140 millim.; diam., 180 millim.

165 — **Japon**. Petite coupe, à bord festonné, en ancienne porcelaine. Décor polychrome, dit *à la haie fleurie* et fong-hoang.

Diam., 140 millim.

166 — **Japon**. Bol en ancienne porcelaine. Décor polychrome : branchages de chrysanthèmes.

167 — **Lorraine.** GRAND POÊLE en ancienne faïence, de forme monumentale et contournée, à pilastres arrondis et moulures. La partie supérieure à dôme surmonté d'un vase d'amortissement enguirlandé. Décor polychrome, à gerbes de roses, tulipes, œillets et fleurs variées ; cartouches feuillagés et fleuris, et semis de fleurettes.

Haut., 2 mètres.

168 — **Saint-Cloud.** PETIT POT A CRÈME, à anse et couvercle, en ancienne porcelaine pâte tendre, émaillée blanc. Décor de branches d'aubépine en relief. Marque *S. C. T.* en creux. Direction de *Trou.*

Haut., 75 millim.

(*Collection de M. le Comte X. de Chavagnac. N° 12.*)

169 — **Saint-Cloud.** POT A POMMADE, avec couvercle, de forme cylindrique, en ancienne porcelaine pâte tendre. Décor bleu : lambrequins et petits quadrillés. Non marqué.

Haut., 80 millim.

(*Collection de M. le Comte X. de Chavagnac. N° 50.*)

170 — **Saxe.** ASSIETTE CREUSE, à bord festonné, en ancienne porcelaine. Décor en rouge de fer avec rehaut de dorure, de style chinois. Dans le fond, deux fong-hoangs ; au marli, deux dragons rampant, et deux groupes d'emblèmes. Marques, aux épées en bleu et *K. H. C. W.* en violet. Service du Prince Henri.

Diam., 230 millim.

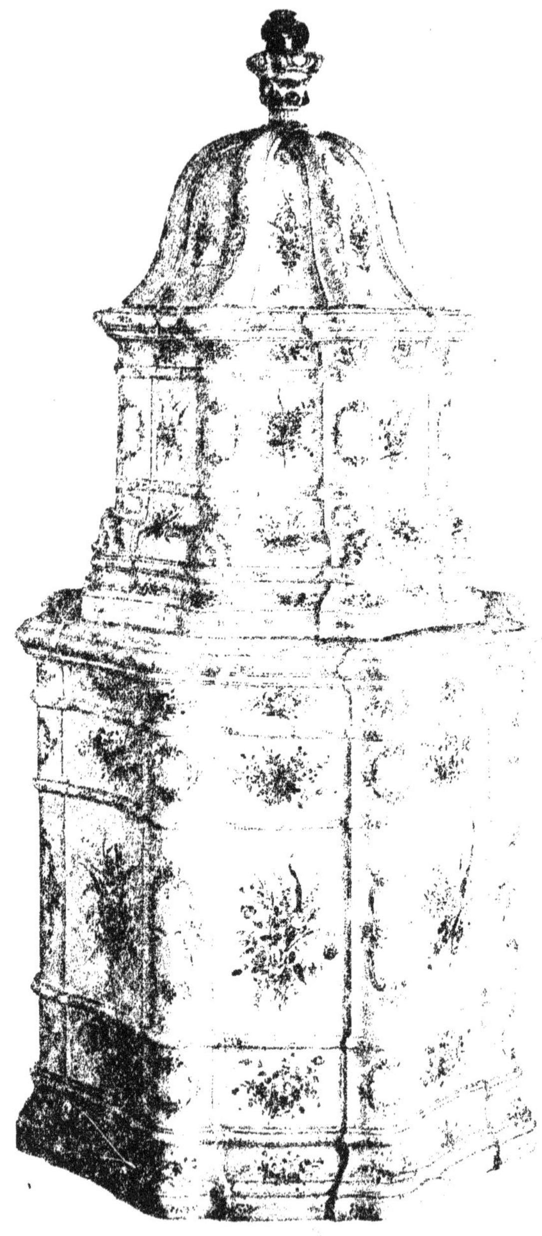

N° 167

Lorraine. [illegible]

Saint-Cloud. [illegible]

Saint-Cloud. [illegible]

Saxe. [illegible]

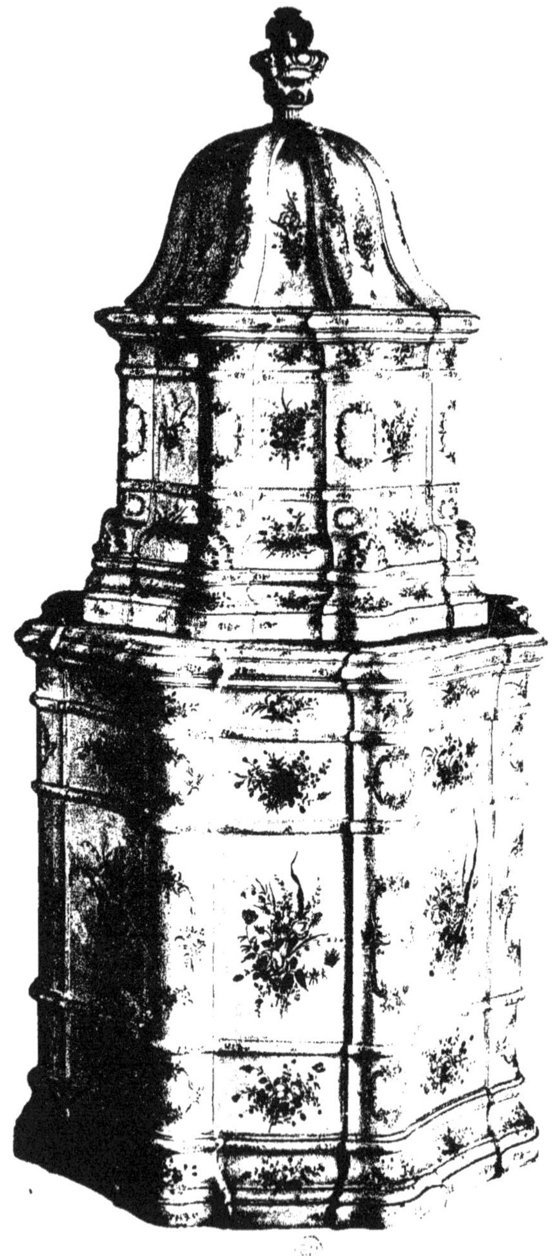

N° 167

171 — **Saxe**. Tasse a thé, à une anse et sa soucoupe, en ancienne porcelaine. Décor rouge de fer et or, offrant un dragon, des attributs et fong-hoang. Marque aux épées en bleu. Service du Prince Henri.

Haut., 58 millim.

172 — **Saxe**. Soucoupe en ancienne porcelaine. Décor polychrome, de style, coréen, dit *à la caille*. Petite bordure, à rinceaux, sur fond rouge. Marque aux épées en bleu.

Diam. 120 millim.

173 — **Sceaux**. Porte-huilier, de forme ovale, dite *bateau*, à bord mouvementé. Les deux récipients à entrelacs ajourés, simulant la vannerie, en ancienne porcelaine pâte tendre. Décor en camaïeu bleu, dit *à l'épi ou à la brindille*. Filet au bord. Marque *S x A*. en creux. Accompagné de deux burettes en cristal taillé.

Long., 240 millim.

174 — **Worcester**. Spatule, à petite oreille coquille simulée, en ancienne porcelaine tendre. Décor en camaïeu bleu, dit *à l'épi ou à la brindille*. Marque *W* en creux.

Long., 110 millim.

VITRINES

175 — Vitrine, de forme mouvementée, en marqueterie de bois de couleur, munie de portes en glace, coulissant sur des rainures à billes.

Haut., 1 m. 70 cent.; larg., 1 m. 48 cent.

176 — Vitrine en glace, monture en acier.

Haut., 1 m. 75 cent.; larg., 90 cent.

177 — Vitrine en cuivre doré et glace.

Haut., 90 cent.; larg., 77 cent.

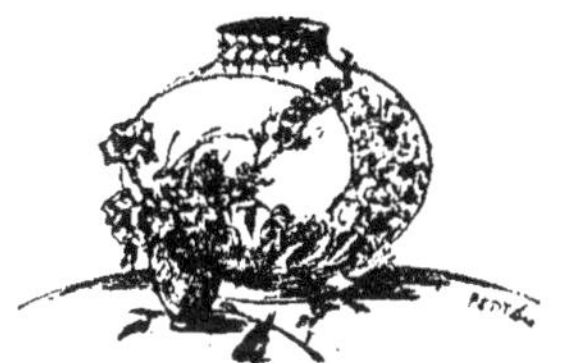